U0936657

珍藏本·增订本

纪念版

汉译世界学术名著丛书

法概念与法效力

〔德〕罗伯特·阿列克西　著

王鹏翔　译

商务印书馆

SINCE 1897

The Commercial Press

Robert Alexy

BEGRIFF UND GELTUNG DES RECHTS

汉译世界学术名著丛书
（120 年纪念版·珍藏本）
增订本出版说明

2017 年 10 月，为纪念商务印书馆创立 120 周年，本馆推出“汉译世界学术名著丛书”（120 年纪念版·珍藏本），计七百种。近五六年来，仰赖学界同人倾力支持，订正旧译，增补新译，拓展新著，积累日多。为满足读者需要，本馆在七百种的基础上，继续推出“汉译世界学术名著丛书”（120 年纪念版·珍藏本·增订本）三百种。至此，“汉译世界学术名著丛书”累计出版已达千种。

今后，本馆将继续推进丛书的翻译出版工作，在积累单本名著的基础上陆续分辑刊行，汇印出版。为促进中外文明互鉴、推动我国学术发展，使“汉译世界学术名著丛书”这项对我国学术文化有基本建设意义的重大工程发挥更大作用，诚望海内外学术界、翻译界继续给予支持，帮助我们把这套丛书出得更好。

商务印书馆编辑部

2024 年 2 月

汉译世界学术名著丛书
（120 年纪念版·珍藏本）
出 版 说 明

2017 年 2 月 11 日，商务印书馆迎来 120 岁的生日。120 年前，商务印书馆前贤怀揣文化救国的理想，抱持“昌明教育，开启民智”的使命，立足本土，放眼寰宇，以出版为津梁，沟通中西，为中国、为世界提供最富智慧的思想文化成果。无论世事白云苍狗，潮流左右激荡，甚至战火硝烟弥漫，始终践行学术报国之志，无改初心。

逐译世界各国学术名著，即其一端。早在 20 世纪初年便出版《原富》《天演论》等影响至今的代表性著作，1950 年代后更致力于外国哲学和社会科学经典的译介，及至 1980 年代，辑为“汉译世界学术名著丛书”，汇涓为流，蔚为大观。丛书自 1981 年开始出版，历时三十余年，迄今已推出七百种，是我国现代出版史上规模最大、最为重要的学术翻译工程。

丛书所选之书，立场观点不囿于一派，学科领域不限于一门，皆为文明开启以来，各时代、各国家、各民族的思想与文化精粹，代表着人类已经到达过的精神境界。丛书系统译介世界学术经典，引领时代思想，为本土原创学术的发展提供丰富的文化滋养，为推动中国现代学术和现代化进程做出了突出的贡献。

为纪念商务印书馆成立120周年，我们整体推出“汉译世界学术名著丛书”120年纪念版的珍藏本，寄望既利于文化积累，又便于研读查考，同时向长期支持丛书出版的译者、编者和读者致以敬意。

两甲子后的今天，商务印书馆又站在了一个新的历史时间节点上。我们不仅要铭记先辈的身影和足迹，更须让我们的步伐充满新的时代精神。这是商务人代代相传的事业，更是与国家和民族的命运始终紧密相连的事业。我们责无旁贷，必须做好我们这代人的传承与创造，让我们的努力和成果不仅凝聚成民族文化的记忆，还能成为后来人可以接续的事业。唯此，才能不负前贤，无愧来者。

商务印书馆编辑部

2017年10月

目　录

序 …… 1
缩略语表 …… 3

第一章　法实证主义的问题 …… 5
第一节　基本立场 …… 5
第二节　法实证主义之争的实践意涵 …… 6
1.制定法的不正义 …… 6
2.法律续造 …… 8
第二章　法律的概念 …… 11
第一节　基本要素 …… 11
第二节　实证主义的法概念 …… 12
1.主要取向于实效的法概念 …… 12
(1)外在面向 …… 12
(2)内在面向 …… 13
2.主要取向于制定的法概念 …… 14
第三节　对实证主义法概念的批评 …… 17
1.分离命题与联结命题 …… 17
2.概念架构 …… 19

(1)独立于效力与非独立于效力的法概念 …… 19
(2)法律体系作为规范体系与程序体系 …… 20
(3)观察者观点与参与者观点 …… 20
(4)区分的关联与品质的关联 …… 21
(5)各种组合 …… 22
3.观察者观点 …… 23
(1)个别规范 …… 23
(2)法律体系 …… 26
4.参与者观点 …… 29
(1)正确性论据 …… 30
(2)不正义论据 …… 34
A.个别规范 …… 34
a.语言论据 …… 35
b.清晰性论据 …… 36
c.效用论据 …… 39
d.法安定性论据 …… 45
e.相对主义论据 …… 46
f.民主论据 …… 49
g.不必要性论据 …… 49
h.坦诚性论据 …… 52
i.小结 …… 54
B.法律体系 …… 55
a.扩散命题 …… 56
b.崩溃命题 …… 58

(3)原则论据 …… 60

A.安置命题 …… 62

B.道德命题 …… 65

C.正确性命题 …… 67

第三章 法律的效力 …… 71

第一节 效力的概念 …… 71

1.社会学的效力概念 …… 71

2.伦理学的效力概念 …… 72

3.法学的效力概念 …… 72

第二节 效力冲突 …… 74

1.法律的效力与社会的效力 …… 74

(1)规范体系 …… 74

(2)个别规范 …… 75

2.法律的效力与道德的效力 …… 76

(1)规范体系 …… 76

(2)个别规范 …… 78

第三节 基本规范 …… 79

1.分析性的基本规范(凯尔森) …… 80

(1)基本规范的概念 …… 80

(2)基本规范的必要性 …… 82

(3)基本规范的可能性 …… 86

(4)基本规范的内容 …… 88

(5)基本规范的地位与任务 …… 89

A.任务 …… 89

a.范畴转换 …… 89
b.确立判准 …… 89
c.建立统一性 …… 90
B.地位 …… 91
a.必然预设 …… 91
b.可能预设 …… 92
c.想像的规范 …… 93
d.不可证立性 …… 95
2.规范性的基本规范(康德) …… 98
3.经验性的基本规范(哈特) …… 103
第四章 定义 …… 106

注释 …… 109
文献索引 …… 122
阿列克西《法概念与法效力》导读 …… 王鹏翔 127
译后记 …… 145

序

这本书是在一个研究学期中完成的，它属于我与德莱尔（Ralf Dreier）共同推动的一个旨在扼要概述法理论的计划。由于其篇幅已远超过原本计划合著的一章，因此我决定单独出版。对此，我要感谢嘉松·瓦德斯（Ernesto Garzón Valdés）与韦威尔（Meinolf Wewel）的鼓励。我特别感谢德莱尔，他多年来对我的影响，在本书中随处可见；当然，错误的责任仍由我自己承担。此外，我要感谢狄麦娅（Heinke Dietmair）女士在制作付印稿时不倦的耐心与细心，以及波洛斯基（Martin Borowski）、海德曼（Carsten Heidemann）与拉伯（Marius Raabe）诸位先生协助校对。

罗伯特·阿列克西

基尔，1992 年 1 月

缩略语表

BGH	Bundesgerichtshof	德国联邦最高法院
BGHSt	Entscheidungen des BGH in Strafsache	德国联邦最高法院刑事裁判
BGHN	Entscheidungen des BGH in Zivilsachen	德国联邦最高法院民事裁判
BVerfG	Bundesverfassungsgericht	德国联邦宪法法院
BVerfGE	Entscheidungen des Bundesverfassungsgerichts	德国联邦宪法法院裁判
Ebd.	Ebenda	同前注
f.	folgend	以下一页
ff.	fortfolgend	以下数页
OLG	Oberlandesgericht	邦高等法院
RGBl	Reichsgesetzblatt	帝国法律公报
RzW	Rechtsprechung zum Wiedergutmachungsrecht	赔偿法判决

第一章　法实证主义的问题

第一节　基本立场 15

法概念争议的主要问题是法律与道德的关系。尽管争论的历史超过两千年之久，[1]始终有两个互相对立的基本立场：实证主义与非实证主义。

所有实证主义理论都主张**分离命题**。这个命题认为：法律的概念要以不包含道德要素的方式来定义。分离命题预设了法律和道德之间、法律所命令的和正义所要求的之间或者法律是什么和法律应该是什么之间，没有概念上的必然关联。伟大的法实证主
义者凯尔森（Hans Kelsen）将此概括为下面这个公式："因此，法律 16
可以有任何的内容。"[2]

实证主义的法概念因而只有两个定义要素：合乎规定的或权威的制定性[3]以及社会的实效性。法实证主义的众多变化[4]来自于对这两个定义要素的不同诠释与评价，[5]它们的共同点在于，
"什么是法律"完全取决于什么是被制定的并且/或者有实效的，至 17
于内容的正确性——不论它是如何被实现的——则无关紧要。

相对的，所有非实证主义的理论都主张联结命题。这个命题

认为:法律的概念要以包含道德要素的方式来定义。没有哪一个严肃的非实证主义者会因此就将权威的制定性与社会的实效性排除于法概念之外,非实证主义者和实证主义者的区别毋宁在于,前者主张:对于法概念的定义,除了事实导向的特征之外,还要包含道德要素。同样的,对于这些道德要素仍可能有不同的诠释与评价。

18 第二节　法实证主义之争的实践意涵

法概念之争乃是关于"什么是法律"的争议。对于这个问题,每个法律人在实务工作中都会表述出清楚程度不一的想法。法律实践所立基的法概念一般被预设为自明之理,在寻常案件中——即便其解决是有疑义的——提出法概念的思考被视为冗余之举。但在非寻常的案件就有所不同了,在这些案件中,法律实践背后的法概念登上台面而成为迫切的问题。以下将借由德国联邦宪法法院的两个裁判来说明之。

1.制定法的不正义

第一个例子是1968年的国籍案裁定,它涉及了制定法的不正义问题。1941年11月25日所发布的《帝国公民法》第十一号施
19 行命令[11. Verordnung zum *Reichsbürgergesetz*(RGB1. I. S. 722),以下简称"第十一号命令"]第二条出于种族理由剥夺了流亡犹太人的德国国籍。在本案中,联邦宪法法院必须决定,一位在二次大战前不久流亡至阿姆斯特丹的犹太裔律师是否依该条规定丧

失了德国国籍。这位律师于1942年被驱逐出阿姆斯特丹，之后下落不明，由此推定他已经丧生，这意味着他无法依《基本法》第一一六条第二项恢复德国国籍。

联邦宪法法院得到的结论是，这位律师从未丧失德国国籍，因为第十一号命令自始无效，其理由如下：

> “法律与正义并非立法者所得任意处置。‘制宪者可凭己
> 意作出任何规定的这个想法，意味着倒退至价值中立的制定
> 法实证主义（Gesetzespositivismus）的思想，这种思想在法学
> 与实务中早已被淘汰了。德国的纳粹政权时期正表明了：立
> 法者也可能制定不正义的法律’［BVerfGE 3，225（232）］。因
> 此联邦宪法法院肯认有可能否定纳粹‘法律’规定的法效力， 20
> 因为它们是如此明显地抵触了正义的基本原则，以至于想要
> 适用这些规定或承认其法律效果的法官都将作出不法裁判而
> 非依法裁判［BVerfGE 3，58（119）；6，132（198）］。第十一号
> 命令违背了这些基本原则，它与正义的冲突已达到了不可忍
> 受的程度，以至于它必须自始被视为无效［参照：BGH，RzW
> 1962，563；BGHZ 9，34（44）10，340（342）；16，350（354）；26，
> 91（93）］。它也不会由于在过去一些年间曾被践行或者由于
> 有些‘被剥夺国籍’的当事人当时在个案中曾经甘心忍受或甚
> 至表明赞同纳粹的措施，就因此成为有效；明显违背构成法律
> 之基本原则所制定的不正义规定，不会因为被适用与遵守就
> 成为法律。”⑥

这是一个典型的非实证主义论证。一条由权威制定并且自其被制定时起即具有社会实效的规范，会因为违背了超实证法而被
21 否认其具有效力或——在国籍案裁定中并未明确表示的——法律性质。

有人会质疑，这个论证在国籍案裁定中究竟是否必要。法院可以试图将其结论完全立基于下面这个理由：现今承认剥夺国籍的法律有效性，将违反《基本法》第三条第一项的一般平等原则以及《基本法》第三条第三项的禁止歧视规定。这种可能性虽然削弱了国籍案裁定中非实证主义论证的力道，但并未减损这个论证的普遍重要性。在每一个要去评断不义政权之法律后果的案件中，并非都有像是德国基本法一样的宪法存在。此外还有一些案件取决于一条规范是否自始无效，这是后来制定的宪法力所未逮的。比方说，可以想像在某个不义政权下有某些由权威所制定且具有社会实效的规范，它们要求或允许违反人权的迫害措施。[⑦] 在这个政权垮台之后，倘若没有制定溯及既往的法律，那么依照这些规范
22 行事的人是否能被处罚，就取决于这些规范是否自始无效。

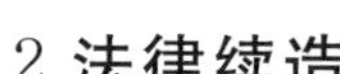

2.法律续造

第二个例子是 1973 年关于法律续造的裁定，它涉及了是否容许法官进行违反制定法文义之法律续造，亦即抵触法律的判决(contra-legem Entscheidung)之容许性的问题。根据《德国民法》第二五三条，除了少数法律明定的案件之外，对于非财产损害不得以金钱赔偿。但联邦最高法院并没有坚持遵守这样的规定，自 1958 年起联邦最高法院在许多案件中都允许对于严重侵害人格

权的金钱赔偿。本案所涉及的是，某个周刊杂志发表了一篇纯属虚构的关于伊朗国王前妻索拉雅(Soraya)王妃私事的访谈，这本应得到她的同意。联邦最高法院判准了索拉雅王妃一万五千马克的损害赔偿，这抵触了《民法》第二五三条“只有在法律明定的案件中”才允许非财产损害的赔偿(慰抚金)，而索拉雅王妃的案子显然不属于这些案件。联邦宪法法院同意联邦最高法院的判决，其理 23
由的核心部分如下：

> “传统上所认为的‘法官受到制定法拘束’——这是权力分立与法治国原则的基本要素——按照基本法的表述已转变为司法裁判受到‘制定法与法律’(Gesetz und Recht)的拘束(《基本法》第二十条第三项)。按照通说，这样的表述拒绝了某种狭隘的制定法实证主义。它所树立的意识是，虽然制定法与法律实际上是大致相符的，但不必然也并非总是如此。法律并不等同于成文制定法的总和。相对于国家权力所制定的法令，在某些情况下还存在着更高的法律，它来自于作为一个意义整体的宪政法秩序，并且具有纠正成文制定法的作用。发现此种法律并在判决中予以实现乃是司法裁判的任务。”[8]

这个判决是有争议的。联邦宪法法院被指责之处在于，民事 24
法院不得对于《民法》第二五三条的文义限缩自为决定，而必须依据《基本法》第一〇〇条第一项循具体规范审查的途径请求联邦宪法法院作出《民法》第二五三条是否合宪的裁判。[9] 这个反驳的合理性一方面取决于，对《基本法》第二十条第三项“制定法与法律”

这个条款的非实证主义式解释是否正确，另一方面则取决于，如果这样的解释正确的话，要如何去界定《基本法》第二十条第三项和第一〇〇条第一项之间的关系。在此只要关切第一个问题。即便有人认为，在德国法体系中由于《基本法》第一〇〇条第一项所规定的程序，抵触法律的判决一般是不被允许的，“法律并不等同于
25 成文制定法的总和”这句话仍保有其重要性。抵触法律判决的问题在每个法律体系都会出现，但并不是每个法律体系都有像是《基本法》第一〇〇条第一项所规定的具体规范审查程序。更为重要的是，上述这句话的重要性远超出了抵触法律判决的领域，更及于每个疑难案件。疑难案件在于，比方说，当所要适用的制定法不明确，而且法学方法论的规则也无法确定得出唯一答案。凡是将法律等同于成文制定法，亦即主张制定法实证主义[10]的人，就必须认为，疑难案件的裁判是透过法律以外的因素来决定的。非实证主义者的立场则完全不同。由于非实证主义者不将法律等同于制定
26 法，对他而言，疑难案件的裁判，即便无法由制定法来确定，仍可透过法律而决定。对于“法律是什么”的不同看法虽不必然，但仍可能导致不同的结果。

第二章　法律的概念 27

第一节　基本要素 29

问题是，哪一种法概念是正确或适当的？对于这个问题的回答，取决于三个要素——权威的**制定性**、社会的**实效性**，以及内容的**正确性**——彼此之间的关系。按照这三个要素之间的比重如何分配，就产生了完全不同的法概念。不赋予权威的制定性与社会的实效性任何重要性，而完全着眼于内容的正确性，就得出一种纯粹自然法或理性法的法概念。完全排除内容的正确性，只着重于权威的制定性与/或社会的实效性，就得出一种纯粹实证主义的法概念。在这两种极端之间还可以想像许多中间类型。

这个三分法显示了，实证主义有两个定义要素。实证主义者必须排除内容正确性的要素，但是他可以用许多不同的方式来决定权威的制定性与社会的实效性这两个要素之间的关系，由此产 30
生了各式各样的法实证主义。以下先浏览不同版本的法实证主义，接着再批评实证主义法概念的缺陷。

31 ## 第二节　实证主义的法概念

社会的实效性和权威的制定性这两个要素不仅能够以不同的方式相互组合，还可能以非常不同的方式来诠释，因此有难以尽数的各种实证主义法概念。实证主义的法概念可分为两大类：主要取向于实效的法概念与主要取向于制定的法概念。加上“主要”这两个字是为了清楚显示，某一个取向通常只呈现其重点，这意味着另一个取向不会完全被排除。

1.主要取向于实效的法概念

各种实效取向的法律定义主要出现在社会学与现实主义的法理论当中。它们之间的区别在于，将焦点置于规范或规范体系的
32 外在面向还是内在面向。同样的，在大部分的情况下，这并不是严格的二分法，而只是比重的不同。此外，内在面向与外在面向也常有不同的组合。①

(1)外在面向

规范的外在面向在于遵守规范的规律性以及/或者对于不遵守所施加的制裁，关键在于可观察的行为——即便这样的行为是需要诠释的。这是主流的社会学式法律定义的着眼点，例如韦伯(Max Weber)和盖格(Theodor Geiger)对于法律的定义。韦伯的定义是这样的：

"一个秩序称之为……法律，如果它是透过（物理或心理的）强制可能性而外在地被确保，此种强制行为旨在强迫服从并处罚违反者，并且是由一组专门为此所设的人员来执行。"[②]

盖格的定义则是： 33

"法律是什么，亦即在我实际上看来'法律'这个词所指称的内容，已被详细地说明了：它就是一个集中组织化的大型社会共同体的社会生活秩序，只要这个秩序建立在由特定机构所垄断执行的制裁机制之上。"[③]

在法理学，特别是在实用工具主义或法律现实主义（legal realism）中，也可以看到实效导向的法概念。著名的例子就是霍姆斯（Oliver Wendell Holmes）的预测定义：

"我所谓的法律，就是对于法院实际上会做什么的预测，而非其他貌似更重要者。"[④]

这种定义方式主要着眼于律师观点。

（2）内在面向

规范的内在面向在于遵守以及/或者适用规范的动机——不论此种动机是如何产生的，其关键是心理倾向。着眼于内在面向 34

来定义法律的例子是贝林(Ernst Rudolf Bierling)的定义，在他的法概念中，“承认”具有核心地位：

> “一般来说，一群在某个共同体一起生活的人们所互相承认的共同生活规范或规则，就是法学意义的法律。”⑤

卢曼(Niklas Luhmann)则提供另外一种法律的定义，在他的定义中，由规范性的行为期待所呈现的内在面向扮演了根本的角色：

> “我们现在可将法律定义为社会系统的结构，这个结构立基于规范性行为期待的合致一般化(kongruente Generalisierung normativer Verhaltenserwartungen)。”⑥

2.主要取向于制定的法概念

35 各种制定取向的法概念主要出现在分析法理论的领域，亦即主要致力于法律实践之逻辑与概念分析的法理论流派。实效取向的法概念以观察者观点为主，而制定取向的法概念着重的则是参与者观点，特别是法官观点。制定取向的法概念的典型例子可见于奥斯丁(John Austin)。根据奥斯丁的看法，法律是由命令所组成的：

> “每一条法律或规则……都是命令。”⑦

命令是以制裁为后盾来定义的：

“命令有别于其他的意欲(desire)表述之处，不在于意欲的表述方式，而在于当意欲不被遵守时，下令施加恶害或痛苦这一方的权力与意图。”[8]

并非每一种命令，而是只有政治上位权威的命令才是法律：

“在人对人所设立的法律或规则中，有些是由政治上位者、主权者与臣属者所制定的，亦即由那些在独立的国家或政 36
治社会中行使最高统治权与下级统治权的人所制定的……‘法律’这个词，就其单纯与严格的用法而言，只适用于以此制定的规则之总和或其部分总和。”[9]

总结来说，奥斯丁将法律定义为以制裁为后盾的主权者命令的总和，几乎不可能有比这更强的制定取向了。但在奥斯丁的理论中，实效的要素并非不重要，借由将主权者定义为被习惯性服从的某个人，奥斯丁结合了制定与实效的要素：

“如果一个特定的上位者，他对于另一个类似的上位者并没有服从习惯，但他本身却受到某个社会大多数成员的习惯性服从，这个上位者就是那个社会的主权者……”[10]

制定取向的法实证主义在二十世纪最著名的代表人物是凯尔

森与哈特(H.L.A.Hart)。凯尔森将法律定义为“规范性的强制秩序”[11],其效力立基于一个预设的基本规范:

37

> “根据这个基本规范,应该遵守一个事实上被制定并且大体上具有实效的宪法,也因此应该遵守依据这个宪法所实际制定的,整体而言具有实效的规范。”[12]

下文还会再处理基本规范的地位问题。[13]在此只需先指出,基本规范是一条完全内容中立、纯粹想像的规范,按照凯尔森的看法,如果要将一个强制秩序解释为法律秩序的话,就必须预设基本规范。此处重要的只是,凯尔森的定义虽然是以制定为主要取向,但也包含了实效的要素:

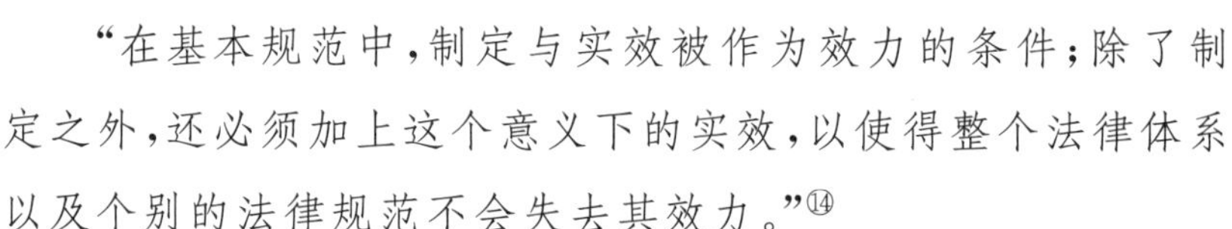

> “在基本规范中,制定与实效被作为效力的条件;除了制定之外,还必须加上这个意义下的实效,以使得整个法律体系以及个别的法律规范不会失去其效力。”[14]

38 根据哈特,法律是一个规则的体系,这些规则可以借由承认规则来鉴别。承认规则的功能相当于凯尔森的基本规范,但它的地位完全不同,之后还会再讨论这一点。[15]承认规则的存在是一个社会事实:

> “承认规则仅存在于法院、政府官员和一般人民援引特定判准以鉴别法律这个复杂但通常一致的实践当中。承认规则

的存在是个事实问题。”[16]

哈特将英国法律体系的承认规则的核心部分表述为“女王在国会所制定者即是法律”。[17]

第三节　对实证主义法概念的批评 39

以上对于实证主义法概念的简短浏览显示了在法实证主义的阵营里有许多不同的立场，它们的共同之处就只是法律与道德的分离命题。倘若实证主义的分离命题确实是正确的，法概念的分析就可以完全局限于下面这个问题：什么是实效性与制定性这两个要素的最佳诠释，以及要如何最佳地安排这两个要素之间的关系。然而，前引的联邦宪法法院裁判显示了分离命题至少不能被视为是自明之理。因此要追问的是，实证主义的法概念本身究竟是否妥当？这就取决于分离命题或联结命题何者才是正确的。

1.分离命题与联结命题

分离命题与联结命题所要主张的是如何定义法律的概念。就 40
此而言，它们只表述了论证的结果，而没有表明其背后的论据。用来支持分离命题与联结命题的论据可以分为两类：分析性的与规范性的。[18]

对于实证主义的分离命题最重要的分析性论据是法律与道 41
德之间不存在概念上的必然关联。每一个实证主义者都必须主张这个命题，因为倘若他承认法律与道德之间存在着概念上的必然关联，他就不能够再主张法律要以排除道德要素的方式来定义。相反的，非实证主义者在分析性论据的层次上是不受限的，他可以主张或者放弃概念上的必然关联。如果非实证主义者成功地证明了概念上的必然关联，他就赢得了这场争论；如果他未能成功地证明概念上的必然关联，或者他放弃主张概念上的必然关联，他仍未输了这场争论。他可以试图诉诸规范性的论据来支持其主张，即法律的概念要以包含道德要素的方式来定义。

如果要证明的是为了达到特定目标或满足特定规范，法律的概念必须包含或不包含道德要素，这就是以规范性论据来支持分
42 离命题或联结命题。以这种方式所证成的联结或分离可称为“规范上的必然”。[19] 例如，只有分离命题才能导致语言概念的清晰性或保证法安定性，这就是支持分离命题的一个规范性论据；或者，主张借助联结命题才能最好地解决制定法的不正义问题，则是支持联结命题的规范性论据之一。

近来关于法概念的争论中，有一种流行的观点认为，“法律”这个字词是如此歧义与模糊，以致在关于法实证主义的争论中无法透过概念分析解决任何问题；[20] 在这场争论中所涉及的只是“规范性的设定，定义上的建议”。[21] 这种概念形成自然只能够透过规范性论据或合目的性的考量来证成。这个主张所预设的命题是法律
43 与道德之间的关联既非概念上不可能的，也非概念上必然的。这个命题的前半段——即主张法律与道德之间的关联并非概念上不可能的——是对的。在某些情况下，像“规范 N 是权威制定的且具有社会实效，但它并不是法律，因为它抵触了某些基本原则”这

样的语句是没有矛盾的。倘若法律与道德之间的关联在概念上是不可能的，这样的语句才会有矛盾。有疑问的反而是这个命题的第二部分，即主张法律与道德之间没有概念上的必然关联。以下将要指出，确实存在着这样的关联。如果成功地证明这一点，前述的流行观点——在法概念的争论中仅涉及了只能以规范性论据来证成的合目的性决定——就是错的。这并不意味着，在法概念的讨论中规范性的考量是无关紧要的。以下将证明，概念性论据的范围与力量都只有一定的限度。在概念性论据的范围之外，以及为了强化概念性论据的力量，规范性论据是必要的。本书的命题
是：首先，法律与道德之间具有概念上的必然关联；其次，有规范上 44
的理由支持将道德要素包含在法概念当中，这些理由部分强化了概念上必然关联的力量，部分超出了概念上的必然关联。简言之，法律与道德之间既有概念上的，也有规范上的必然关联。

2.概念架构

对于“法律与道德之间既有概念上的，也有规范上的必然关联”这个命题的证立，将在一个由五组区分所组成的概念架构中进行。[22]

(1)独立于效力与非独立于效力的法概念

第一组区分是区别独立于效力的法概念与非独立于效力的法
概念。前者是一种不包含效力概念的法概念，后者则否。[23]不难看 45
出此种区分的缘故何在。一个人可以无矛盾地说：“N 是一条法律规范，但 N 并非有效/不再有效/尚未有效。”更有可能想像一个

理想的法律体系，然后毫无矛盾地评论说：“这个法律体系永远不会有效。”相反的，诉诸有效的法律的人未必要谈到效力，而可以直接说：“法律要求这么做。”由此可以清楚地看出，包含效力概念与不包含效力概念的法概念都是可能的。

在探讨法实证主义时，选择包含效力概念的法概念是比较恰当的做法。这种做法可以避免将问题空洞化，即先忽视效力的面向而将法律定义为一组规范——外在行为的规范——的集合[24]，然后据此主张，由于可能想像外在行为的规范有任何的内容，所以
46 法律与道德之间不可能有概念上的必然关联。将效力的概念包含到法概念中，意味着将法律制定、法律适用与法律执行的制度性脉络也都包含进来。这个脉络对于概念上必然关联的问题是重要的。

(2)法律体系作为规范体系与程序体系

第二组区分是区别作为规范体系的法律体系与作为程序体系的法律体系。[25]作为程序的体系，法律体系乃是一个基于规则且受规则指引的行动体系，透过这些行动，规范被创设、证立、解释、适用与执行。作为规范的体系，法律体系乃是一个规范创设过
47 程——不论这是一个什么样的过程——之结果或产物的体系。可以说，将法律体系视为规范体系的人，他所关注的是法律体系的外在面向；而将法律体系看作程序体系的人，他所关注的是其内在面向。

(3)观察者观点与参与者观点

第三组区分是区别观察者观点与参与者观点。这个二分法是

有歧义的，在此采取的是下面这个诠释：凡是在某个法律体系中参与关于“什么是在这个法律体系中被要求、禁止、允许与授权者”的论证者，他采取的是**参与者**观点。立于参与者观点中心的是法官。当其他的参与者——比方说，法律学者、律师或关心法律体系的公民——对于法律体系的特定内容提出支持或反对的论据时，他们最终还是会诉诸一个想要作出正确决定的法官必须如何判决。采取**观察者**观点的人则不去追问在特定的法律体系中什么才是正确的决定，而是追问在特定的法律体系中实际上是如何作出决定的。这种观察者的例子之一就是霍斯特（Norbert Hoerster）所举的例子：有一个白种美国人，他想要带着黑人妻子到实施种族隔离法的南非去旅游，并思忖这趟旅程的法律细节。[26] 48

参与者观点与观察者观点的区分类似于哈特所区分的内在观点与外在观点（internal/external point of view）[27]。然而，由于哈特的区分是有歧义的，所以不能说这两个区分在每个方面都一致。[28]因此在本书中，凡是谈到内在观点与外在观点而没有另加说明的话，所指的就是以上定义的参与者观点与观察者观点。

（4）区分的关联与品质的关联

第四组区分指的是法律与道德之间两种不同的关联方式。第一种称之为“区分的”关联，第二种称之为“品质的”关联。如果主张：基于概念性或规范性的理由，没有满足特定道德判准的规范或规范体系就不是法律规范或法律体系，这就涉及**区分的**关联。**品质的**关联则反映在下面这个主张：没有满足特定道德判准的规范或规范体系虽然可能是法律规范或法律体系，但基于概念性或规 49

范性的理由，它们是有瑕疵的法律规范或法律体系：关键在于，这里所主张的瑕疵是法律上有瑕疵而不只是道德上有瑕疵。针对品质关联的论据立基于下面这个前提：法律体系的现实必然包含了某些法律的理想（rechtliche Ideale）。因此，“品质的关联”也可以称为“理想的关联”。

（5）各种组合

除了以上四组区分——独立于效力与非独立于效力的法概
50 念、规范与程序、参与者与观察者、区分的与品质的关联，还要再加上第五组区分，即前述**概念上**与**规范上的必然联结**。如此一来概念架构就完备了。这个架构清楚地显示了“法律与道德之间具有必然关联”这个命题可以有许多不同的含义。在这个架构下，五组区分所包含的要素有三十二种可能的组合。对于每个组合都可以表述“存在必然关联”与“不存在必然关联”的命题，由此产生了总共六十四个命题。在这六十四个命题之间当然有一些蕴含关系，也就是说，有些命题的真假与否蕴含了其他命题之真或假。此外，有可能某些组合在概念上是不可能的。但是这并不会改变这个基本洞见：在关于法律与道德的必然关联的争论中有众多不同主张。这个争议之所以没有定论的原因可能就在于，争论的参与者经常没有认识到，他们所要辩护的命题在种类上完全不同于所要攻击
51 的命题，以致彼此各说各话。如果再考虑到除了上述五组区分外仍可能想像其他种类的区分，从而可能的命题数量会远超过六十四个，前述的解释就更有说服力了。

以包含效力概念的法概念作为出发点，命题的数量在此就已

经减少了。进一步简化问题的做法则是将重点置于“观察者或外在观点”与“参与者或内在观点”的区分，在这个区分下再引进其他方式的区分。因此，问题就在于：从观察者观点或从参与者观点来看，分离命题抑或联结命题是正确的。

3.观察者观点

对于法实证主义问题的讨论多半将它当作法律与道德之间的
区分式关联的问题：违反某个道德判准，是否会使得一个规范体系
的规范丧失法律规范的性质，或使得整个规范体系丧失法律体系
的性质？凡是要对这个问题持肯定答案的人，就必须证明：当规范
或规范体系的不正义逾越一定限度时，就会失去法律性质。这个 52
命题——超过不正义的界限时会丧失法律性质，不论这个界限是
如何划定的——就是所谓的“**不正义论据**”。[29]不正义论据正是针
对区分式关联的联结命题。这里首先要问的是：倘若采取观察者
观点，以不正义论据为形式的联结命题是否正确？对此必须分别
就法律体系的个别规范与整个法律体系来回答。

(1)个别规范

适用于个别规范的不正义论据，来自拉德布鲁赫(Gustav Radbruch)的版本大概是最为人所知的。拉德布鲁赫的著名公式如下：

> “正义和法安定性之间的冲突可以用下面的方式解决：透过立法和权力所确立的实证法，即便其内容不正义或不合目

的，仍然具有优先性，除非实证法和正义之间的冲突达到不可忍受的程度，以至于实证法成为‘不正确的法’而必须向正义
53 让步。”[30]

这个公式构成了上述国籍案裁定[31]以及联邦宪法法院与最高法院一系列其他判决的理由。[32]问题在于，从观察者的角度是否可以接受拉德布鲁赫公式。前述出于种族理由剥夺流亡犹太人德国国籍的第十一号命令可以再度作为例子。联邦宪法法院诉诸拉德布鲁赫公式将该号命令视为自始无效，这是由参与者观点所作的论断。与纳粹法律体系同时代的观察者——比方说，某个来自国
54 外的法律学者，他要为其本国的法学杂志写一篇关于纳粹法律体系的报道——要如何描述这个被剥夺国籍的犹太人A的案子？在这个学者本国的每个人可能都会理解下面这个陈述而无须多作说明：

①根据德国法A被剥夺国籍。

但下面这个陈述就不同了：

②根据德国法A未被剥夺国籍。

如果没有补充其他资讯的话，②如果不是错误的报道，就是造成困惑。这就显示了从观察者的外在观点来看，将道德要素包含到法概念当中绝非概念上必然的。更值得去问的是：从这个观点

来看是否在概念上不可能将道德要素包含到法概念中。假设这位观察者的报道包含了下面这个陈述：

③根据德国法A并未被剥夺国籍，虽然所有的德国法院和官员都认定他失去德国国籍，他们这么做是根据某条规范
的文义，这条规范是按照在德国具有实效之法律体系的效力 55
判准所制定的。

作为观察者的陈述，这句话包含了矛盾。对于观察者而言，凡是法院和官员所做的就属于法律，只要他们所做的是依据规范的文义，而这些规范是按照当时具有实效之法律体系的效力判准所制定的。这就清楚显示了从观察者的观点“法律”这个字词可以这样被运用：按照这个运用方式，在涉及个别规范时，将道德要素区分式地包含到法概念中，不仅不是概念上必然的，甚至也是概念上不可能的。这一点是无法反驳的，即使这位观察者在结束其报道时直截了当地提出了下面这个问题：

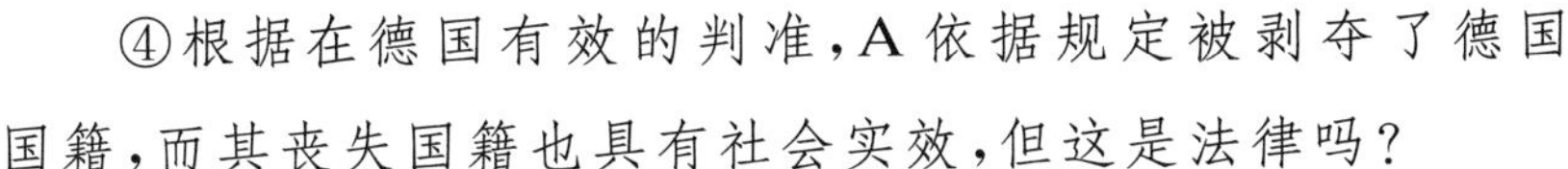
④根据在德国有效的判准，A依据规定被剥夺了德国国籍，而其丧失国籍也具有社会实效，但这是法律吗？

提出这个问题，就已经离开观察者的立场，而是采取批评者的立场了。随着这个观点转换，“法律”这个字词有了另外一种意
义。[33]因此要确定的是：从观察者观点来看，无法诉诸法律与道德 56
之间在概念上的必然关联来支持拉德布鲁赫式的联结命题。

除了上面这个概念性或分析性的论据之外，还有一个合目的性的考量，即规范性的论据。霍斯特曾经主张：首先，像是第十一号命令这种由权威制定且具有社会实效的规范需要一种价值中立的表述；其次，对于“法律”这个字词没有其他的表述方式。[34]就观察者观点而论，只能同意这个主张。[35]因此，分析性以及规范性的考量所导出的结论是：从考察个别规范并探究区分式关联之观察
57 者的观点来看，实证主义的分离命题是正确的。从这个观点来看，拉德布鲁赫式的不正义论据是不可接受的。

(2)法律体系

适用于个别规范的论据未必就能套用至整个法律体系。[36]因此要追问的是：整个法律体系与道德之间是否存在着概念上的必然关联。这个问题要再次从探究区分式关联的观察者观点来提出，他想知道，违反某种道德要求是否就会使得规范体系丧失法律体系的性质。

和法律体系具有必然关联的道德要求可以分为两种：形式的与实质的。主张形式的道德判准和法律体系之间具有必然关联的理论的一个例子，是富勒（Lon L.Fuller）的法律内在道德（the internal morality of law）理论。富勒将像是法律的一般性（the generality of law）、公布（promulgation）、禁止溯及既往（retroactive laws）等合法性（legality）原则当作是法律的内在道德。[37]与此
58 相对的，当贺弗（Otfried Höffe）主张：没有满足特定基本正义判准的规范体系就不是法律秩序，[38]这就涉及了实质道德判准与法律体系之间的关联。贺弗将这些基本正义判准透过分配利益的原

则来界定，它包含了集体安全原则，尤其是要求法律社群的所有成员禁止杀人与窃盗。[39]

在说明上述这些关联时，要清楚区分事实性与概念性的关联。[40]鉴于世界及人类的现存特质，一个法律体系如果不包含一般性规范，或者只包含隐秘的或完全溯及既往的规范，或是不保护其成员的生命、自由与财产，这样的法律体系是不可能长久有效的，并且在这个意义上是不可能长久存在的。这是一个简单但重要的经验事实，却不是这里所要继续探讨的。问题毋宁是：这样的体系 59
是否落在法律体系的概念底下。

有两种社会秩序，不论其是否可能长久有效，光基于概念的理由就不是法律体系。它们分别是无意义的秩序与掠夺或强盗的秩序。当一群人以这种方式被统治：既无法认识到统治者的一致性目的，被统治者也不可能持续地遵循某个目标，这就是一个**无意义**的秩序。想像有一大群人被一群武装暴徒所挟持。被挟持者没有权利，在这群暴徒之间任何暴力使用都是被允许的，而除了这条允许规范之外就没有其他一般性的规范。[41]这群武装暴徒对于被挟持者所下达的个别命令经常变动不定，有些是矛盾的，有些则无法做到。如果被挟持者遵循命令，他们完全是出于对暴力的恐惧而这么做。这样的秩序仅基于概念的理由就不是法律体系。如果这群暴徒发展成为一个组织性的匪帮，这个无意义的秩序就变成一个**掠夺**的秩序或强盗的秩序。这至少预设了武装者彼此之间已经 60
禁止使用武力并且出现命令阶层。再假设，对于被挟持者颁布了一个规则体系，这个规则体系的唯一目的是让被挟持者持续作为合适的剥削对象。用一个极端的例子来说明：这群匪帮的主要收

入来源在于，他们经常杀害被挟持者以出售其器官。为了拥有尽可能健康的受害者以达到这个目的，他们禁止被挟持者抽烟、喝酒以及任何暴力行为。这些规则并没有建立被挟持者对于匪帮的权利，也就是说，匪帮这边不对于被挟持者负有任何义务。每个人都清楚剥削的目的，这个匪帮对此也毫不掩饰。人们可以争论，这个匪帮的规范体系是不是一个法律体系，但无论如何，这整个体系基于概念的理由并不是法律体系。[42]为了证成这一点，就来看看第三种秩序。

61 长远来看掠夺秩序被证明是不合乎其目的的，因此这群匪帮致力于取得正当性。他们发展成为统治者，掠夺秩序从而转为**统治者秩序**。他们仍然坚持对于被统治者的剥削，但剥削行为却是以受规则所引导的实践来进行。统治者对于每个人都主张，这个实践是正确的，因为它是为了达成一个更高的目的，比方说，有助于国民发展。实际上只为了满足统治者的剥削利益而去杀害与抢夺个别被统治者的行为仍然随时可能发生。但这样的行为如果不是以一定的方式——例如根据统治者集团三个成员的一致决议——来执行，且不能诉诸国民发展的目的加以公开证成的话，就会受到处罚。

这个发展阶段已经跨越了一个门槛。这个体系无疑是极端不正义的，然而概念上已不能排除将其称为“法律体系”。由此产生了一个问题：统治者体系和暴徒体系与匪帮体系的区别何在？区别不在于统治者体系有某种一般性的规则，因为这在匪帮体系中已经有了。区别也不在于统治者体系对每个人是同等有利的——
62 即便只限于生命、自由与财产的最低层次保护，因为在这个体系中仍然随时可能杀害与抢夺被统治者。关键点毋宁在于，在统治者体系的实践中确立并且向每个人提出了**正确性宣称**。正确性宣称是法概念的必然要素。这个命题称之为“正确性论据”并将在下一节*予以证成。在证成这个命题之前只需先确定一点：既未明示也未默示地提出正确性宣称的规范体系就不是法律体系。每个法律体系都会提出正确性宣称。[43]就此而言，正确性宣称有着区分性的意义。对于一个既未明示也未默示提出正确性宣称的规范体系，观察者顶多只能够在间接或转借的意义下称之为“法律体系”。

最后这一点并没有多大的实际效果，因为实际存在的规范体
系通常都会提出正确性宣称，即便这个宣称的证成可能非常薄弱。63
只有当提出正确性宣称却无法实现时，才会出现实际相关的问题。然而，重要的是正确性宣称的体系性后果。即便站在观察者的观点，正确性宣称也已经对实证主义的分离命题作出一定程度的限制。在观察者观点中，当涉及个别规范时，分离命题的成立是毫不受限的。但在涉及法律体系时，分离命题——尽管只是在极端且事实上几乎不可能的情况下——就会碰到正确性宣称所划定的界限。在观察者观点中处于边缘的正确性宣称，在参与者观点中转而居于核心，由此就呈现出两种观点之间的联结。

4.参与者观点

上文已经指出了，从观察者观点而言，实证主义的分离命题基本上是正确的。只有在完全不提出正确性宣称的规范体系这种极

* 本书第 36 页以下。——译者

64 端且事实上几乎不可能的情况下，分离命题才会碰到界限。如果从参与者——例如法官——观点来看法律的话，则会有完全不一样的看法。从这个观点来看，分离命题是不适当的，联结命题才是正确的。为了证成这一点，要考虑下面三个论据：正确性论据、不正义论据与原则论据。

(1)正确性论据

正确性论据构成了其他两个论据，即不正义论据与原则论据的基础。正确性论据主张：个别的法律规范、法律判决以及整个法律体系都必然提出正确性宣称。没有明示或默示地提出正确性宣称的规范体系，就不是法律体系；就此而言，正确性宣称具有区分性的意义。提出正确性宣称却未予实现的法律体系，则是法律上有瑕疵的法律体系，在这方面，正确性宣称具有品质性的意义。就个别的法律规范与法律判决而言，正确性宣称只有品质性的意义，如果法律规范与判决不提出或未实现正确性宣称，就具有法律上的瑕疵。

65 针对正确性宣称可以这么反驳："正确性宣称必然与法律相联结"这个说法并不正确。要削弱这个反驳，让我们考虑下面两个例子。第一个例子是 X 国的新《宪法》第一条。在这个国家中有一群少数人压迫多数人，这些少数人想要继续享受压迫多数的好处，但也不想隐讳这一点。于是他们的制宪会议决定将下面这句话当作是宪法第一条：

①X 是一个主权独立、联邦制且不正义的共和国。

这个宪法条文具有某种缺陷，[44]问题是，这个缺陷在哪里？

有人可能认为，这个缺陷就只在于这个条文不合目的。这些少数人想要维持不公正的状态，但如果他们毫不伪称这个状态是
公正的，那么达到其目的的机会就降低了。这样一种**技术上的缺** 66
陷的确是存在的，但它仍无法解释这个条文真正的缺陷。假设，新《宪法》第一条透过共和国条款废除了之前存在的君主政体；再假设，被压迫的多数人相当尊崇之前的君主；因此，实行共和政体就像将国家标志为“不正义”一样，将会强烈危及现时的状态。倘若不正义条款完全是一种技术上的缺陷，那么制宪者在制定共和国条款时所犯的错误和制定不正义条款是一样的。但事实并非如此，不正义条款有某种悖谬之处是共和国条款所没有的。

因此，对于上面这个条文的缺陷何在必须要有别种解释。有人可能认为这个缺陷是一种**道德上的缺陷**。的确，此处存在着某种道德缺陷，但这显然仍不是一个完满的解释。假设这个国家的不正义之处在于，特定种族的成员不能享有特定的权利。倘若将不正义条款删除，代之以第二条规定这个种族的成员不得享有这些权利，从道德的观点来看，这么做是没有差别的。然而，从缺陷性的角度来看，仍然有所差别，因为删除了不正义条款的宪法第一条就不再显得悖谬了。

对此的解释可能是，上面这个条文的缺陷是一种**成规性的缺** 67
陷，也就是说，它违反了一个广被遵循，但并不必然的关于草拟宪法条文的成规。这一点虽然毋庸置疑，但仅仅如此也还不是一个完满的解释。被违反的规则并不是一条单纯的成规，因为这条规则在不同的情况与偏好下都不会改变，它其实是制宪实践的构成

性规则。这一点可以由此看出：

②X是一个正义的国家。

像②这样的条文在宪法中是冗余的。

如此一来，就只剩下**概念上的缺陷**。“概念上的缺陷”在这里是广义的用法，按照这个用法，违反语言行动——即作为行动的语言表述——的构成规则也是一种概念上的缺陷。正确性宣称——在这个例子中尤其是正义的宣称——必然联结于制宪行为。虽然制宪者在进行制宪行为时提出正确性宣称，但如果制宪行为的内容否定了这个宣称，制宪者就犯了以言行事的矛盾（performativ-
68 er Widerspruch）。[45]

第二个例子是，有一个法官宣告了下面这个判决：

③判处被告无期徒刑，但这是错误的。

这句话有加以解释的必要。这个法官要说的可能是，他的判决抵触了实证法；但他要说的也可能是，虽然这个判决符合实证法，但它是不正义的。这两种解释方式都导致了许多无法在此处理的问题。此处所关心的只是下面这个解释：

④判处被告无期徒刑，但这是对于有效法律的错误解释。

作出这个判决的法官，显然没有恪尽他的社会角色，而且几乎在所有的法律体系中，他都违反了要求其正确解释有效法律的实证法规则。但如果他满脸胡楂，穿着肮脏的法袍宣告判决，他可能 69
也违背了某种社会规则。如果这个解释虽然是错的，这个法官却相信并声称它是正确的，那么这个判决也会违背实证法的规则。反过来说，即使这个法官误以为他的解释是错误的，并且在判决中公开这个错误并没有违反实证法的问题，此时仍有某种缺陷存在。这里的缺陷显然不只是违背社会规则或法律规定；[46]这个法官犯了以言行事的矛盾，在此意义下，他犯的是一个概念上的缺陷。法官的判决总是会宣称他正确地适用法律，即便这个宣称可能只是相当薄弱地被实现。上面这个判决的内容所抵触的，就是在进行判决这种制度性行为时所提出的宣称。

这两个例子显示了不同层次的法律体系参与者都必然提出正确性宣称。如果且只要正确性宣称具有道德上的蕴含，就证明了
法律与道德之间具有概念上的必然关联。 70

当然，这样还不足以证成联结命题。实证主义者可以同意正确性论据，却又同时坚持分离命题。他有两个策略可供运用。首先，他可以主张，未实现正确性宣称并不会导致法律性质的丧失。撇开完全不提出正确性宣称的规范体系这种边缘案例不谈，正确性宣称顶多只能证成品质的关联，但无法证成区分的关联。因此，暂且不论上述的边缘案例，只要分离命题着眼于区分的关联，它就完全不会受到正确性论据所影响。第二个策略是主张，正确性宣称只有微不足道的、不带有任何道德蕴含的内容，因此它无法导出法律与道德在概念上的必然关联。法实证主义的第一个反驳策略指向不正义论据，第二个反驳策略则指向原则论据。

(2)不正义论据

71 如前所述,不正义论据可以适用于个别规范或整个法律体系。首先要考察涉及个别规范的不正义论据。

A.个别规范

适用于个别规范的不正义论据主张:法律体系的个别规范当其不正义超过一定限度时就会失去法律性质。这个主张最著名的版本就是拉德布鲁赫公式,之前已从观察者观点讨论并且否定了这个公式的成立。现在的问题是:从参与者观点来看,拉德布鲁赫公式所表述的不正义论据是否可接受。在此要强调的是,拉德布鲁赫公式并非主张:当一条规范是不正义的,它就失去了法律性质。拉德布鲁赫公式所设的门槛是更高的:只有当不正义到达“不可忍受的程度”时才会失去其法律性质。前述的第十一号命令可再度作为例子。

目前有一个广泛共识是,关于拉德布鲁赫公式的争论无法只凭分析性或概念性论据来解决,这个争论涉及的问题是合目的或
72 适当的概念形成,这必须以规范性论据来证成。[47]在此仍然要考虑到正确性论据,支持与反对不正义论据的规范性论据都要从正确性论据来加以评断。前面提到,正确性论据构成了不正义论据的基础,所指的就是这个意思。

在拉德布鲁赫公式争论中的诸多分歧立场基本上可以总结为八个论据:语言、清晰性、效用、法安定性、相对主义、民主、不必要性、坦诚。

a.语言论据

由于“法律”这个字词的模糊与多义性，因此无法举出令人信服的语言——概念性论据来支持或反对不正义论据。然而，可被辩护的是下面这个规范性命题：不正义论据要求将道德要素包含在法概念当中，会导致一个不适当的语言设定。因此霍斯特指责非实证主义者——例如不把第十一号命令归类为法律的人，认为非实证主义者怠忽“说明，我们语言中哪一个常用的字词能够在价 73
值中立的功能上取代被其（译按：指非实证主义者）承载了道德的法概念”[48]。非实证主义者不可能以众所理解的方式来指称像是第十一号命令这样的规范，只有将其称作“法律”才能够毫无困难地做到这一点。

上文指出了，这个论点从观察者观点来看是有说服力的，但如果采取参与者观点的话就不同了。[49]这一点可以借由规范与程序的二分来指出。观察者将第十一号命令视为一个由其他人所参与的规范制定程序的**结果**。同样的，对于观察者而言，依据第十一号命令所为的判决也是一个他所未参与的程序——即规范适用程序——的结果。如果规范和判决相一致，他没有理由不将两者都称为“法律”；如果两者不一致，他所面对的问题是，是否应将此描述为矛盾或论断为废止命令的法官造法。从参与者观点则会有不同的看法。对于参与者——例如法官——而言，虽然第十一号命 74
令首先是一个规范创设程序的结果，但对他而言，这只是为了要具备第二个性质，即第十一号命令是他所参与的规范适用程序的**出发点**，而且这个程序的结果提出了正确性宣称。

在这里尚未涉及实质论据，而只涉及“法律”这个字词的适当用法。因此语言论据不能预断实质论据，这意味着，它必须能够相容于不同的实质命题。假设采取以下这个实质命题：有良好的法律理由支持法官不适用第十一号命令，而是作出抵触其文义的判决。在这个前提下，如果法官说第十一号命令是法律，那就不恰当了。既然他是基于法律理由而裁判，他就必须将他的判决称作是“法律”。而由于他的判决抵触了第十一号命令，将这个命令归类为法律就会产生如下的后果，即他必须将两个相互矛盾的规范——即第十一号命令所规定的一般规范以及他的判决所表述的个别规范——都称之为“法律”。如果法官认为，第十一号命令虽
75 然初步看来(prima facie)是法律，但终究不是法律，就可以轻易地解决这个矛盾。这就表示说，在适用程序的过程中，第十一号命令被否认具有法律性质。如果有良好的法律理由不适用第十一号命令，那么法官不只可以说它终究不是法律，为了避免矛盾，他也必须这么做。因此，仅当不可能有良好的法律理由支持他作出抵触极端不正义制定法之文义的判决时，霍斯特式的语言论据才会是正确的。如果在某一个案件中有这样的理由存在，霍斯特式的语言论据从参与者观点来看就是错的。是否完全没有这种良好的法律理由，却是一个实质问题，这个问题无法凭借适当语言使用的考量来解决。这意味着，霍斯特式的语言论据无法合理地反对将道德要素包含至由参与者观点来看是适当的法概念当中。相反的，如果有实质的理由支持将道德要素包含进来，语言使用就必须要跟进。

b.清晰性论据

拉德布鲁赫公式争论中的第二个论据是清晰性论据，这个论

据的一个经典表述见于哈特： 76

> “如果我们采取拉德布鲁赫的观点和他与德国法院一样，借由主张‘某些规则由于其道德上极度不公正而不可能是法律’来表达我们对于邪恶法律的抗议，那么我们就混淆了一种由于最简单因而也最有力的道德批评形式。如果我们采用效益主义者的清楚说法，我们就会说实证法仍可能是法律，只是由于太过邪恶而不能服从。这是每个人都能理解的道德谴责，并且是一个直截了当要求道德关注的主张。另一方面，如果我们将我们的反对表述为‘邪恶的事物不是法律’，这是一个许多人都不相信的主张，如果他们终究要去思考这个主张，在它能被接受之前就可能先引起一整串的哲学问题……当我们有清楚的说法可资运用，就不必将对于制度的道德批评表述为某种争议性哲学的命题。”[50]

不能否认这个反驳乍看之下具有一定的合理性。一个放弃包含任何道德要素的实证主义法概念是比较简单的，并且至少在这个意义下比含有道德要素的法概念更为清晰。但另一方面要考虑的是，简单性意义下的清晰性并不是概念形成的唯一目标。简单性不能以牺牲妥当性为代价，[51]况且复杂的概念也可以是清晰的。法律人习惯处理复杂的概念，几乎不用担心他们会由于将道德要素包含至法概念当中而感到困惑。[52]对于公民而言，不清晰主要并不是来自于道德要素被包含至法概念之中，“即便极端不正义仍是法律”这样的讯息同样会令他们感到困惑。造成不清晰的原因，其 77

实来自于在许多案件中难以划分极端不正义与非极端不正义的规范之间的界限。但这并不是清晰性的问题，而是法安定性论据的问题。清晰性论据只涉及道德要素究竟是否要被包含至法概念当中。

78 这就是说，哈特与霍斯特所提出的清晰性论据并不是针对一般的概念不确定性，它关注的毋宁是在概念上要如何理解法律与道德之间的冲突。哈特与霍斯特即便在极端不正义的案件中也不想解决这个冲突。按照他们的看法，法律所要求的是一回事，道德所要求的则是另外一回事；道德可能允许或要求法律人作为人类与公民去拒绝服从法律，然而，所拒绝服从的仍然是法律。任何其他的陈述方式都“掩盖了我们所面对的问题的真正本质”。[53]实证主义者能够将与制定法之不正义相关的问题“现出原貌，即当作伦理学问题”来讨论。相反的，非实证主义者“透过定义将问题转移到法概念去，所冒的危险就是隐藏了问题的伦理学性质”。[54]

这个指责非实证主义者掩饰、遮盖或隐藏问题的反驳正确吗？答案是否定的。非实证主义者并不否认问题的伦理学性质，他主张的只是：在极端不正义的案件中，这个伦理学问题同时是法律问
79 题。这个主张的结果是，非实证主义者由其道德判断导出法律上的结论。非实证主义者的论证在内容上可能和实证主义者的论证相一致，如同实证主义者，他也要公开他的论据并将其提出来讨论。非实证主义者在极端不正义的案件中不自缚于道德观点，而是从道德观点转向法律观点，这并非掩盖问题，而是实质命题的表述。对此不能以形式的清晰性论据，而只能以实质论据来攻击。

还有一个反驳是指责“可能引起一整串哲学问题”并因而会导

致不清晰与困惑的“争议性哲学”[55]。然而，这个指责也可以用来反对法实证主义。法实证主义也表达了一套特定的、可被争论的法律哲学。在这个争论中法实证主义与非法实证主义处于平等的对立面。必然与法律联结的正确性宣称比较倾向于支持非实证主义，这一点就显示出法实证主义无法自称具有推定为正确之类的优势。因此，清晰性论据仍不足以击倒非实证主义者。

c.效用论据

在纳粹时期以前，拉德布鲁赫是个法实证主义者——至少，当
以法官为关注对象时是如此，当然，这不是就证成而言，而是就结 80
果而言。[56]1945年以后拉德布鲁赫改变了他的看法，转而认为法实证主义“让法律人和整个民族对于如此恣意、残酷和罪恶的法律都失去了抵抗力”[57]。他所要求的将道德要素纳入法概念当中将有助于法律人“作好准备……对抗不义政权的死灰复燃”[58]。对此哈特的反驳是：认为非实证主义的法律定义能够产生任何反对制定法不正义的作用，是个天真的看法。[59]霍斯特将这个针对非实证主义法概念效用的论据予以精确化。根据霍斯特，拉德布鲁赫赋予非实证主义法概念的期待，其实立基于“过分高估了”[60]法理论家与法哲学家对于公民与法律人的行为所具有的影响力：

> “因为透过单纯的概念定义不能改变现实。一个在道德
> 上有疑虑的，但是在有效法秩序的框架内所颁布的制定 81
> 法——不论法哲学家是否要称之为‘有效的法律’，且不论它的不道德，它其实具有道德上无瑕疵的制定法所具有的一切性质，即它是符合有效的宪法所产生的，并且被法律官员所适

> 用并执行。要拒绝服从这个制定法(比方说,由于其不道德),就必须估量违反法律的通常后果。不能因为对于法概念采取反实证主义的、包含道德的定义就将这些事实弃之不论。”[61]

“非实证主义的法概念无法产生反对制定法不正义的作用”这个命题,可以极端化为这个主张:这样的法概念不仅无助于甚至削弱了对制定法不正义的反抗。实证主义由于其严格分离了法律义务与道德义务,反而有利于对法律采取批判的立场。相反的,将道
82 德要素包含至法概念当中,会冒着将法律的要求不加批判地等同于道德要求的危险。所以凯尔森拒绝“只有道德的社会秩序才是法律”这个命题:

> “因为这样的社会秩序,透过在特定法律社群中主流法学的实际适用,会导致不加批判地正当化构成该社群的国家强制秩序。”[62]

在效用论据的架构内要区分两个命题。第一个命题主张:非实证主义的法概念无法发挥反对制定法不正义的效果;第二个命题则是:非实证主义的法概念隐藏了不加批判地正当化制定法不正义的危险。第二个命题是更进一步的,以下将先检视这个命题。

倘若非实证主义的联结命题认为,一条规范只有当它的内容符合道德时才是法律规范,就确实存在着不加批判地正当化的危险。当凯尔森与霍斯特提出“不加批判地正当化”这个反驳时,他们所想到的正是这个版本的联结命题。因此凯尔森提到“‘法律就

其本质是道德的'这个命题"[63]，而按照霍斯特，联结命题是说"一条规范仅当它是道德的，才是法律规范"，这在逻辑上等值于"如果一条规范是法律规范，它就是道德的"。[64]如果从这个可称为："强" 83
版本的联结命题出发，则每个法律人认定某条规范是法律规范时，就必须同时将这条规范视为道德上正当的。这的确带来了对于法律之不加批判地正当化的危险。

然而，"不加批判地正当化"这个反驳并没有正确地认识到，非法实证主义者未必要主张强的联结命题，强的联结命题预设了每条法律规范在内容上都与道德相符合。然而拉德布鲁赫公式明白地说道："透过立法和权力所确立的实证法，即便其内容不正义或不合目的，仍然具有优先性。"[65]按照拉德布鲁赫公式，只有当法律与道德之间的矛盾达到"不可忍受的"，即极端的程度时，法律性质才会丧失。这可称为"弱的联结命题"。

弱的联结命题并不导致将法律等同于道德。按照弱的联结命题，不正义且因而是不道德的规范仍然可能是法律。因此就像法实证主义一样，弱的联结命题容许对于法律的道德批评，就此而言 84
也使得对于法律采取批判态度成为可能：它和法实证主义之间的区别仅在于，逾越一定的界限会导致法律性质的丧失。有人可能会认为，这就足以造成不加批判地正当化；法律人将会倾向认为，由于这个界限未被逾越，因此他们的法律体系至少具有最低限度的道德正当性。然而，这个界限——即极端不正义——的性质反对这个看法。在国籍案裁定中可以看到一个典型的表述：

"试图依据'种族的'标准，在肉体与物质面消灭包括妇孺在内一部分自己的人民，这和法律与正义毫无共同之处。”[66]

如果有哪些宣称具有普遍拘束力的道德判断是可被证成的，“追求上述目标是极端不道德与不正义的”一定就是这种判断。最低限度的道德要求标志了丧失法律性质的门槛，保障生命与身体
85 不受伤害的基本人权就是此种最低限度道德要求的例子。在此所要主张的是：这样的道德要求无论如何是能够被理性证成的。[67]如果这个主张是对的，那就几乎不用担心像是逾越极端不正义界限的规范会被“不加批判地正当化”这回事，这种“正当化”至少会引起一些困难。这或许就是为什么蛮横的不正义行为经常不是以符合规定的法律形式，而是依据多少有些隐秘的命令来实行。[68]

由此可以确定一个双重的结论。首先，在未达到极端不正义的界限时，弱的联结命题——例如拉德布鲁赫公式所表述的版本——并不会造成不加批判地正当化的危险，因为此时法律与道德之间的矛盾并不会排除法律性质。其次，在逾越极端不正义的界限时，如果标志这条界限的最低道德要求是可被理性证成的，那就完全不会有不加批判地正当化的危险。此外要指出的是，从严格分离法律与道德的实证主义观点出发，仍有可能对于既存有效
86 的法律不加批判地正当化，因为即使立基于概念上的分离，仍有可能主张法律与道德两者在内容上相符。

在效用论据架构下对于非实证主义法概念的第二个反驳是：非实证主义法概念无法发挥反对制定法不正义的效果。无效果的反驳有一定程度的道理。必须承认哈特与霍斯特在这一点是对的，即法理论或法哲学对于法概念的定义本身并无法改变现实。

对于不义政权底下的法官而言，不论他诉诸哈特并基于道德理由拒绝适用极端不正义的制定法，还是他站在拉德布鲁赫的立场出于法律理由而这么做，其实都没有本质上的差别。[69]在这两种情况下他都要估计到个人的牺牲，而承担这个牺牲的意愿取决于法概念定义以外的要素。

然而，从效用观点来说还是有差别的。如果不是着眼于将制定法的不正义与自己的良知相较量的法官，而是着眼于法律实践，
就可以清楚看出第一个差别。[70]如果在法律实践中存在这样的共 87
识，即满足一定最低限度的正义要求是国家命令具有法律性质的必要前提，那么就不只有道德论证，同时还有固着于法律实践的法律论证可以用来反抗不义政权的行为。不过，对于这种反抗的成功机会不能存有幻想。一个已经具有一定成效的不义政权可以透过个别的恫吓、人事的更动，以及对于顺从意愿的奖赏，迅速摧毁法律实践的这个共识。不过还是可以想像，在一个较弱的不义政权，特别是在它的起始阶段，这样的做法是不会成功的。这是相对有限的效果，但毕竟仍是一个效果。重要的是，即便这个相对有限效果的假定被证实是错误的，也不至于成为对非实证主义法概念的有力反驳。非实证主义者要捍卫自己的立场，并不需要证明在不义政权下他的法概念比起实证主义的法概念能更好地防止制定
法的不正义：只要在非实证主义的基础上，对抗制定法的不正义不 88
会比立基于实证主义的法概念有更差的效果就够了。这点倒是可以确定。因为在对抗制定法的不正义时，不将其视为法律为什么会比将其视为法律有更差的效果呢？

一旦不义政权已经成功建立，各种法概念就不会再有多大的

作用。只有在这样的政权垮台之后才会有重要的差别。尽管如
此，即便在已成功建立的不义政权下，非实证主义的法概念还是可
以发挥一个微弱的，但并非不重要的效果来对抗制定法的不正义。
这可以称之为“风险效果”。对于不义政权的法官或其他官员而
言，其自身的情况会随着他依照实证主义还是非实证主义的法概
念来诠释而有所不同。假设有个法官所面临的问题是：他是否要
作出一个为制定法的不正义所掩护的恐怖判决。这个法官既不是
圣人也不是英雄，比起被告的命运，他更加关心自己的命运。所有
的历史经验告诉他，不能排除不义政权垮台的可能，而他担忧的
89 是，如此一来什么事情会发生在他身上。如果他必须假定，非实证
主义的法概念——按照这个法概念，他的恐怖判决所依据的规范
并非法律——将会被主流或大众所接受，他就要承担相对高的风
险，亦即日后无法正当化自己的行为并因此被追诉究责。如果他
可以确定他的行为日后将依据实证主义的法概念来评断，这个风
险就会下降；虽然风险还是不会完全消失，因为仍有可能制定溯及
既往的法律并依此来对其究责，但这种风险还是比较小的。由于
溯及既往的法律所涉及的法治国问题，所以完全有可能不制定这
样的法律，而就算制定了溯及既往的法律，这个法官仍然能够以
“按照当时有效的法律他必须这么做”为理由来为自己辩护。由此
可以清楚地看出，对于那些在不义政权犯下或参与制定法所掩盖
90 的不义行为的人，主流或大众接受非实证主义的法概念会提高这
些人的风险。因此，对于那些看不出自己没有理由参与不义或那
些本身就偏好参与不义的人而言，这会产生或增强使其避免参与
不义或至少去减缓不义的诱因。借由这样的方式，主流或大众接

受非实证主义的法概念就算在不义政权下也会有积极的效果。因此总之可以这么说：从击败制定法不正义的观点来看，非实证主义法概念的实际效果无论如何不会比实证主义的法概念更差，在某些方面甚至更佳。

d.法安定性论据

反对非实证主义法概念的第四个论据主张，非实证主义的法概念危及了法安定性。这个论据实际上只对于那些以强的联结命题为出发点的非实证主义版本——它们主张：任何的不正义都会导致法律性质的丧失——才成立。如果还承认，每个人都有权诉诸自己的正义判断而不遵守法律，法安定性论据就被强化为无政府主义论据了。然而这点并不需要进一步讨论，因为没有任何认真的非实证主义者会支持这个看法。在此只讨论这个问题：一个并非在任何不正义，而只有在极端不正义的情况下才会让法律性质丧失的法概念，是否会对法安定性造成威胁？答案是否定的。

如果有可被理性证立的正义判断，对于一个基于理性证立而 91
认为某个行为是不正义的人，可以说：他知道这个行为是不正义的。那么下面这个命题成立：不正义越极端，对其认识就越确定。这个命题结合了实质的面向与认识论的面向。它支持了联邦宪法法院在国籍案裁定中对于《帝国公民法》第十一号施行命令所说的：它的不正义不只到达了“极端”的程度，而且还是“明显的”[71]。当然，有可能在某些案件中无法完全确定是否存在着极端的不正义，但相较于法律认识一般而言所具有的不确定性，这种不确定性算不了什么。因此，非实证主义的联结命题顶多只导致最低限度地丧失法安定性。

在评断“法安定性的最低限度丧失是否可接受”这个问题时，
92 要顾虑到法安定性虽然是重要的价值，但不是唯一的价值。法安定性的价值必须和实质正义的价值相衡量。[72]拉德布鲁赫公式所作的比重是，基本上法安定性具有优先性，只有在极端的案件中这个顺序关系才反过来。对此只有那些将法安定性视为绝对原则[73]的人才会反对，而这就像任何对于绝对原则的追求一样，都带着某种狂热的调调。

e.相对主义论据

相对主义论据使法安定性论据变得更为尖锐。相对主义论据认为，不只是极端与非极端不正义之间的界限难以辨认，而是所有的正义判断，包括关于极端不正义的判断，都是无法被理性证立或客观认识的。这是激进相对主义的主张，如果这个主张正确的话，将道德要素包含至法概念当中的意义，不过就是让法官有可能在强烈涉及其主观偏好的案件中作出违背制定法的判决。霍斯特戏剧化地描绘了这幅图像：

93 “没有任何保证或甚至只是可能性显示，系争案件中的法官或公民在其法概念中所采取的的确就是‘启蒙’的道德！……一般而言，没有理由认为某个人或某个社会的道德观在某个意义上比起相关国家的实证法规范是‘更启蒙的’（比方说‘更人性’或‘更公正’）……不只有在面对‘纳粹的法律’时宁愿遵循人性道德的法官或公民——这是法实证主义的对手一再反复提示的，在面对‘民主的法律’（比方说魏玛共和国或联邦德国的法律）时，同样也有法官和公民

宁愿遵循纳粹道德！”[74]

相对主义论据阐明了在效用论据与法安定性论据中就已明显据以为前提的主张：非实证主义预设了一种至少是基本的非相对主义伦理学。并非偶然的，拉德布鲁赫在1933年之前诉诸相对主义——即“对于道德原则的普遍有效证成是不可能的”这个命题——来证成他的实证主义观点：

> “由此证明了，除了列举党派之见外，不可能回答法律的 94
> 目的这个问题——正是从自然法的不可能性而能够证成实证法的效力；迄今为止只是作为考察方法的相对主义在此成为我们体系的基石。”[75]

1945年以后拉德布鲁赫撤回了对于人权与公民权之基础部分的相对主义怀疑态度：

> “的确，它们（译按：自然法或理性法的原则）在个别部分是被质疑的，但几世纪以来的努力却已塑造出一个坚实的基础，它具有如此广泛的共识而被罗列于所谓的人权与公民权宣言中，以至于只有顽固的怀疑论者还会坚持质疑当中的某些部分。”[76]

指出历史经验——“几世纪以来的努力”——与实际存在的“广泛”共识还不足以反驳相对主义，即便对于内国、超国家与国际

95 的法律实务而言，指出这些事实已接近于这样的反驳。一个怀疑论者可能会提出反对的看法，认为过去几百年或几千年来道德观的发展是一条歧路，有可能所有人或几乎所有人都处于某种集体错误。要排除这个怀疑论的反对意见，就必须指出下面这个命题可被理性地证成：

①基于种族理由在肉体与物质面消灭少数族群是极端不正义的。

像是下面这个命题则可被理性地反驳：

②基于种族理由在肉体与物质面消灭少数族群并非极端不正义的。

法实证主义的问题因而导向了道德判断的可证成性这个后设伦理学的问题。在此无法讨论这个问题，[77] 因此只能停留在下面的主张，即无论如何像①这样的命题是能够予以理性证成的，而像②这样的命题是能够予以理性驳斥的。如果这个主张是正确的，就驳倒了相对主义的反对。倘若这个主张不正确，那么对于相对主义的反对只能够——但至少也能够——指出现今存在着广泛共识这个事实，它本身虽然不是在严格意义下反驳了相对主义，但如
96 前所述，对于法律实务而言，它已经接近于反驳了。

关于霍斯特所担忧的，一个法官在面对民主制定的公正法律时可能诉诸“纳粹道德”，上述的结论意味着，这样的法官在一个深

具人权传统或接纳人权的国家中必定会受挫于对基本权利具有广泛共识这个事实。此外，如果关于极端不正义的判断有可能被理性地证成，那么就有理性的理由不去诉诸“纳粹道德”来反对民主制定的法律。只有在多数人已委身于“纳粹道德”的社会里，才会有这样的严重危险，即有一个法官诉诸非实证主义的法概念来否认公正的制定法具有法律性质，因为在他看来这些制定法不可忍受地违背了“纳粹道德”。非实证主义的法概念可能在这样的社会中以此种方式被滥用，这是它的一个缺点，但这个缺点没有多大分
量；一旦“纳粹道德”占据了主流，严重违背“纳粹道德”的法律无论 97
如何也撑不了太久。

f.民主论据

之前关于相对主义的看法，可以适用到另一个可能反对非实证主义法概念的论据，即基于民主的反对。这个反对论据认为，非实证主义法概念含有这样的危险，即法官将诉诸正义来违背具有民主正当性之立法者的决定。[78]由于这涉及了司法侵入立法领域，这个反对也可以表述为基于权力分立的反对。

如果考虑到非实证主义法概念只有在极端不正义的情况才会导致法律性质的丧失，基于民主的反对就失去其力道，它只有在某个核心领域才会发挥作用。在民主宪政国家中宪法法院对于基本
权侵害的审查在内容上远甚于此。要诉诸民主或权力分立论据来 98
反对此处所主张的弱联结命题，就必须拒绝任何对于立法者受基本权拘束的司法审查。

g.不必要性论据

在不义政权垮台后，拉德布鲁赫公式特别具有实践上的重要

意义。联邦宪法法院的国籍案裁定就是一个例子。但不必要性论据认为，制定法的不正义可以不用透过否认其法律性质的方式来处理。新的立法者可以借由制定溯及既往的法律来废止不正义的制定法。[79]

要正确地评价不必要性论据，就必须区分刑事与非刑事案件。《基本法》第一〇三条第二项将“无法律即无刑罚”（Nulla poena sine lege）这个基本的法治国原则表述为实证宪法的规范，从而禁止一般立法者制定溯及既往的法律。这可以被推而广之。如果
99 “无法律即无刑罚”这个基本原则具有宪法位阶的话，那么在刑法的领域就不能说，颁布溯及既往的法律将使得运用非实证主义的法概念成为不必要的。不过，可以想像一种宪法修改，它容许在极端不正义的案例中对“无法律即无刑罚”这个基本原则——从而也包括对“无法律即无罪行”（Nullum crimen sine lege）这个基本原则——作出例外。然而，至少在一个立法者无权修改法治国基本原则的宪法下——就像《基本法》第七十九条第三项的规定，这样的例外是有问题的。除了这个法律问题之外还有一个事实问题。即便法律上允许对于“无法律即无刑罚”这个基本原则加上例外条款，这样的条款是否能够获得修改宪法所必要的绝对多数，仍具有高度疑义。所有这些都显示了，单单诉诸立法者既不能在所有法律体系中，也不能在所有情况下证明拉德布鲁赫公式是不必要的。

如果“无法律即无刑罚”这个原则具有宪法位阶并且是不能修改的，或者它虽然没有形式上的宪法位阶，但作为基本的法律原则是不得被限制的，那么在刑事案件中真正的问题就不是非实证主义法概念的不必要性，而是运用这样的法概念是否不会导致**回避**

“无法律即无刑罚”这个原则。这个问题并不等同于不必要性的问
题，它必须在下一个论据，即坦诚性论据中来处理。因此，不必要 100
性论据基本上仅限于刑法领域以外的案例，在这些案例中原则上
有可能透过制定溯及既往的法律来解决制定法不正义的问题。然
而问题是，如果立法者——不管出于什么样的原因——无所作为，
而且也无法根据现行有效的宪法宣告不正义的制定法无关乎目前
待决的裁判时，那么法官该怎么办？法官应该依据极端的不正义
来裁判并且作出一个呈现极端不正义的判决吗？有人可能会认
为，法官应该这么做，以促使立法者制定溯及既往的法律。但这将
意味着，在许多案件，特别是民事案件中，为了让立法者有所反应，
当事人就必须忍受一个依据极端不正义而且本身就是极端不公正
的不利判决。就此而言，作为当事人的公民就会持续或暂时地被
当作是激起立法者行动的工具，但这样的做法和他的基本权是不
相容的。这就显示了，指出光有制定溯及既往法律的可能性并不 101
足以证明运用非实证主义法概念的不必要性。如果立法者不运用
这个可能性，并且也无法根据现行有效的宪法宣告不正义的制定
法无关乎目前待决的裁判时，为了保护公民的基本权，就有必要运
用非实证主义的法概念。

除了这个着眼于公民权利的论据之外，还有第二个立基于正确性宣称的论据。如前所述，每个法官的判决都必然提出正确性宣称。一个依据极端不正义，且其本身就呈现极端不正义的判决，乃是极端地未实现正确性宣称。因此在刑法领域外有两个理由驳倒了不必要性论据并且支持非实证主义法概念的必要性：尊重公民权利以及正确性宣称。

h.坦诚性论据

坦诚性论据主张，非实证主义的法概念在刑事案件中会导致
102 回避“无法律即无刑罚”的原则。哈特借由一个1949年由邦堡(Bamberg)的邦高等法院所判决的案件来说明这个论据。[80]有一个想要摆脱其丈夫的女人向官署告发，她的丈夫从前线回来度假时发表了侮蔑希特勒的评论。这个丈夫被逮捕，并且按照处罚此种言论的规定被判处死刑，但并未执行，而是被送往前线看管。1949年这个女人依剥夺自由罪被起诉。这个案子最后来到邦堡的邦高等法院，邦高等法院判决她有罪。法院的见解认为，这个丈夫的死刑判决是合法的，由于此判决所依据的纳粹刑法只要求“不作为，亦即缄默”，因此这个死刑判决并不是依据“明显违背自然法的制定法”所作出的。[81]邦高等法院是立基在一个有争议的刑法释义学建构来判处这个女人有罪，按照这个建构，有可能以间接正犯的方式来犯下可罚的剥夺自由，即便直接行为人——在此即当时
103 作出死刑判决的法院——的行为是合法的。法院认为这个告发行为是违法的，因为它“违背了所有正直之人的公平感与正义感”。这个建构方式在刑法释义学上的正确性暂且搁置不论。[82]也不需要去关心哈特——正如他自己后来注意到的[83]——其实错误地描述了这个案子，因为他以为邦堡的邦高等法院是借由否认死刑判决所依据之纳粹制定法具有法效力来获致其结论的。[84]如果像邦堡的邦高等法院一样，因为那条允许对于侮蔑独裁者的言论判处死刑的法律所要求的只是不作为，因此不将其视为极端的不正义，那么只需要设想一个假设的案例，在该案中有一个妇女告发她的
104 丈夫，因为她的丈夫在独裁政权中不去参与基于制定法所命令的

极端不正义杀人行为。按照邦堡的邦高等法院的见解，这个妇女会被判有罪，因为由其告发所作出的判决是违法的。

对此哈特表示反对：

> “当然，还有另外两种可能的选择。第一种可能是开释这个妇女不让其受处罚；但人们可能会同意并且认可这个看法，即让其不受处罚会是一件坏事。另外一种可能是面对现实，如果要处罚这个妇女，那就必须要制定明白的溯及既往的法律，并且充分意识到用这种方式去处罚她是以什么为代价。溯及既往的刑事立法与处罚固然可能令人憎恶，但在本案中公开地这么做，至少会有坦诚的优点。这会让人清楚看到，处罚这个妇女就必须在两害之间做选择：让她不受处罚或者牺牲大多数法律体系所珍视的道德原则。”[85]

坦诚性论据是反对非实证主义法概念最强的论据，但非实证主义的法概念并未因此被击倒。首先，非实证主义者有一条从哈特所指出的两难中脱困的出路。非实证主义者可以否认那条蕴含了有权告密的不正义制定法的法律性质，但仍然得出免予刑罚的结论。要做到这一点，他只需要出于特定的刑法理由将“无法律即无刑罚”这个原则适用于所有被制定且具有实效的规范，并且只适用于这些规范，而不论其内容的不正义。那么就刑法领域而言，为了保障公民，拉德布鲁赫公式就会被“无法律即无刑罚”这个原则所限制。如此一来，拉德布鲁赫公式只有在刑法以外的领域才会发挥作用。不过，比较好的是另外一种回应方式。拉德布鲁赫公 105

式只会导致这些行为的可罚性，即其不正义的内容是如此极端也
因而如此明显，以至于比起许多一般的刑事案件，这些行为的不正
义更容易被辨认。[86]如果——就像告密案一样——借助非实证主
义的法概念不是用来产生作为可罚性根据的规范，而是驳斥会排
除可罚性的制定法不正义，那么这样的做法无论如何是可以接受
的。如果这些排除可罚性的制定法规范，其不正义是如此极端且
因而是如此明显，以至于每个人都可以清楚看出其不正义时，就不
能够说是隐藏的溯及既往了。因为如果在行为作出时就可以清楚
106 看出这些规范的不正义，并且由于其不正义在当时就是如此极端，
从而是明显到任何人都能够清楚看出时，这些规范在行为时就已
不是能排除可罚性的法律了。因此，这并不是溯及既往地改变法
律状态，而只是确认在行为时的法律状态为何。如果不正义论据
限缩为弱的联结命题，即它只有在极端且因而是明显的不正义时
才发挥作用，那就没有隐藏的溯及既往，因此也不会有不坦诚性
可言。

i 小结

综观适用于个别规范之弱版本的不正义论据——如同拉德布
鲁赫公式所表述的那样——的各种支持与反对论点，支持这个论
据的理由强过反对的理由。所有的反对论据至少都可以被削弱到
与支持的论据处于平手的局面。除此之外还能够举出有利于不正
107 义论据的种种理由。比方说，在效用论据的架构内可以指出风险
效果，这个效果在不义政权底下也能够对于反对制定法的不正义
发挥一定的作用。特别重要的是在讨论不必要性论据时所说明
的，在不义政权垮台后非实证主义法概念的必要性。如果新的立

法者无所作为，并且无法根据现行有效的宪法宣告不正义的制定法无关乎目前待决的裁判时，从尊重公民权利与必然联结于法官判决的正确性宣称就得出了非实证主义法概念的必要性。就刑法领域而言，可以显示弱版本的不正义论据与“无法律即无刑罚”这个原则是相容的。然而也可以清楚地看出，对于这一连串反对论据的驳斥取决于有一些最低限度的道德要求——这涉及了基本人权的核心部分——是可被理性地证成的。如果这样的证成是不成功的，那就只有在一个立足于人权传统的法律实践中才能驳倒反对不正义论据的法实证主义者，这虽然不是严格意义下的反驳，但从实际的观点来看也已接近于这样的反驳了。 108

B.法律体系

问题是，不正义论据是否不只适用于个别规范，同时也能够适用至整个法律体系？如前所述，既未明示也未默示地提出正确性宣称的规范体系，就算从观察者观点来看也不能被划作是法律体系。[87]在此要注意到这只有微小的实际后果，因为实际上存在的规范体系通常会提出正确性宣称，即便这个宣称的证成可能非常薄弱。只有当虽然提出了正确性宣称，却未予实现时，才会出现实际上重要的问题。一旦正确性宣称的未予实现逾越了极端不正义的门槛，不正义论据就开始发挥作用。问题在于，除了极端不正义之个别规范的结果加总之外，这是否还会产生影响整个法律体系的后果？

这种适用于体系的论据可见于柯里勒（Martin Kriele），他的 109
出发点是下面这个命题：“遵守法律是道德上的义务，假设法律‘整体而言'将道德纳入考量的话。"[88]如果法律体系立基于民主宪政国家的原则，按照柯里勒的看法，这个条件就满足了，而在极权独裁体制中就没有满足这个条件。柯里勒的整个论据着眼于法律义务作为道德义务，以及与此相关的法律体系与个别法律规范之正当性问题。

柯里勒着眼的正当性问题并不等同于在此所要处理的问题。缺乏正当性并不必然导致缺少法律性质，而且一条被归类为法律规范的规范有可能要求某个违背道德义务的行为，此即柯里勒自己所说的"不道德的法律"[89]要触及在此所要处理的问题，必须将柯里勒的论据转化为一个针对法律性质的论据。在这里要考察的是这个论据的下列版本：如果一个规范体系整体而言是极端不正义的，那么它就丧失了法律性质。这个公式可以有不同的诠释，在
110 此要考虑以下两种诠释：扩散命题与崩溃命题。

a.扩散命题

扩散命题主张，一个法律体系的基本实质规范丧失法律性质会导致所有属于这个体系的典型规范也丧失法律性质，亦即在这个意义上扩散到后者。扩散命题是柯里勒——在他提问的架构下——所主张的。这从他下面这个命题可以看出：

> "即便在极权国家中也有直接的制定法正当性，即那些并非这个体系典型的，且例外地与道德相符合的制定法。关于遵守契约、缔结婚姻、禁止谋杀或者道路交通规则的制定法，在极权国家中也被认为是具有正当性的，因为即便按照启蒙的标准它们也能被正当化。这些制定法的正当性之所以存

在，不是因为它们源自于极权体系，而是尽管它们有这样的来源，但它们和这个体系只有外在的，而没有内在的关联。”[90]

按照这个结构的论证，一个极端不正义的法律体系的个别规范，并非仅当它是极端不正义的个别规范才失去法效力；只要它作为“这个体系的典型”规范分担了整个体系的不正义特性，就足以使其失去法律性质，即便它本身可能尚未到达极端不正义的门槛。由此扩散命题导向了一种典型的从整体到部分的论证：个别元素会因为它是具有某个特定性质的整体的一部分而被认定为具有这个性质，倘若孤立地来看它并不会具有这个性质。这种从整体到部分的论证的确能够轻易地解释，在极端不正义的案例中，除了将极端不正义之个别规范的结果单纯加总以外，如何能够产生影响整个规范体系之法律性质的后果。问题是，扩散命题以及从整体到部分的论证是不是可接受的？回答这个问题的关键点在于，所争论的不是道德正确性、正义或遵循启蒙标准，而是法律性质。在讨论拉德布鲁赫公式所表述的、适用于个别规范的不正义论据时已指出，对于由权威制定且有社会实效的规范，反对剥夺其法律性质的一个主要论据是法安定性。只有在极端不正义的案例中，因为这些案例是相对清楚可认识的，法安定性论据才会被击倒。这 111
同样适用于整个法律体系。如果一条规范尚未到达极端不正义的门槛，只由于它以某种方式分担了整个体系的不正义内涵，并因此属于这个体系的典型规范，就失去其法律性质，这将会对法安定性造成严重的侵害。一条规范可以或多或少地分担了整个体系的不正义，它可以或多或少地是这个体系的典型规范。任何程度的分

担——即便只是轻微的——都应该剥夺其法律性质吗？如果是的话，那要如何辨认一条规范是否分担了整个体系的不正义——即便只是轻微程度的分担？如果一条规范有时可以被诠释为这个体系的典型规范并以此方式被适用——尽管它也可以用别种方式来诠释与适用——这就算是分担了整个体系的不正义吗？如果轻微的分担还不够，那要到什么样的程度？这个程度要以何种方式来确定才能满足法安定性的要求？这些问题清楚显示了尚未到达极端不正义的界限就去否认法律性质，都要以严重损失法安定性为
113 代价。在极端不正义的情况，法安定性的退让还算勉强可以忍受，但任何进一步的限制就不再是可接受的了。这意味着，如果涉及法律性质的问题，就必须坚持极端不正义这个判准，而这个判准必须适用于，也只能适用于个别规范。扩散命题在其他脉络下或许是合理的，但作为一个关于法律性质的命题，它不具有说服力，因此它不能得出这个结论：整个法律体系的不正义性质会产生超出将不正义论据适用于个别规范以外的后果。

b.崩溃命题

现在的问题是，第二种诠释是否会有所不同。在此“一个规范体系会丧失其法律性质，如果它整体而言是极端不正义的”是按照崩溃命题的意义来理解的。不同于扩散命题，崩溃命题主张：个别规范只有当它是极端不正义的，才会基于道德理由而丧失法律性质。崩溃命题的基础是拉德布鲁赫公式所表述的、适用于个别规范的不正义论据，就个别规范而言，它并未有所增添。它和整个体系之间的关联是透过下面这个主张所建立的：如果有非常多，特别
114 是许多对于体系具有重要性的个别规范被否认具有法律性质，整

个体系作为法律体系就崩溃了。崩溃的原因不是某种扩散效果，而是不足以成为一个法律体系。

如果有非常多，特别是许多对于体系具有重要性的个别规范失去法律性质，那么法律体系的特质会有根本的改变，就这一点而言，崩溃命题是正确的。在这个情况下可以说法律体系的内容同一性有所改变，并且在这个意义下——但也只有在这个意义下——旧的体系崩溃了。但此处的关键是，在另外一个意义下，即不着眼于内容同一性，而是着眼于一个体系作为法律体系的存在，就没有所谓崩溃可言。即便有许多个别规范基于道德理由被否认具有法律性质，并且其中有许多对于体系的特性具有重要性的规范，这个体系作为法律体系仍能继续存在。前提在于，法律体系存在所必需的最小部分规范仍然保有法律性质。假设有一个法律体系，它的宪法授予一个独裁者毫不受限的制定规范权力。这个独 115
裁者基于这个授权所制定的规范中，有 30%是极端不正义的，有 20%虽然是不正义的，但未达极端程度，有 20%既非不正义亦非正义的要求，还有 30%则是正义的要求。这 30%极端不正义的是赋予不义体系特性的规范，另外 30%由正义所要求的则像是契约法、侵权行为法与社会法的规范。按照拉德布鲁赫公式，只有那 30%属于极端不正义的规范才会被否认具有法律性质，剩下的 70%则不能适用拉德布鲁赫公式。因此，只有当那 30%极端不正义的规范，会让上述的授权规范作为极端不正义的规范在其整体范围内失去法律性质时，这个法律体系的存在才会因此受到威胁，因为剩下 70%属于这个体系的规范也会失去其效力基础。如此一来，这个法律体系作为一个阶层构造的体系将会丧失其存在，并

且在这个意义下崩溃。只有一部分的规范可被看作是一个立基于习惯法与/或自然法的体系;然而,就算有部分的规范同一性,这个体系也将是另外一个体系了。

116 后面这一点显示了,如果且因为基于某个授权规范制定了或可能制定极端不正义的规范,而想要否认这个授权规范在其整体范围内的法律性质,就必须采用一种相当刻意的建构方式。基于具有社会实效的授权规范所制定的法律规范必须被视为习惯法与/或自然法才能解释其效力。要看出这个做法实际上是不妥的,只需要将上面的例子略为修改如下:不是一个独裁者,而是民主选出的国会用上述方式来行使其被授予的制定规范权力。如此一来,这个反对意见——认为授予单独个人毫无限制的制定规范权力是极端不正义的——就不成立了。因为在这个例子的前提下,授权规范本身并非极端不正义的,只有一部分源自于它的规范是极端不正义的。但这意味着,那30%极端不正义的规范并不会使得这个授权规范本身丧失法律性质,[91]整个法律体系也不会因此崩溃。

117 由此可以确定,将不正义论据适用于整个法律体系并不会产生超出将其适用于个别规范以外的后果。[92]

(3)原则论据

不正义论据针对的是极端不正义的制定法这种例外状况,原则论据则涉及了法律的日常实践。原则论据的出发点是法实证主义者与非法实证主义者都同意的一个法学方法论上的洞见。正如哈特所说的,每个实证法都有开放结构(open texture)[93]。之所以

如此有许多原因，其中特别重要的是法律语言的模糊性、规范冲突 118
的可能性、欠缺可作为判决依据的规范、在特定案件中可能必须作出抵触规范文义的判决。[94]这些可称为实证法的“开放领域”。开放领域可能或宽或窄，但它存在于每个法律体系。落在开放领域的案件就称之为“疑难案件”。

从实证主义理论的观点来看，这个现象只能够以一种方式来解释。在实证法的开放领域中，按照定义就无法根据实证法作出判决，因为倘若可以根据实证法作出判决的话，那就不是处于开放领域了。由于只有实证法才是法律，因此在开放领域，亦即在所有疑难案件中，法官必须依据非法律的或法律外的标准来裁判。就
此而言，法官是由实证法所授权，基本上像立法者一样根据法律以 119
外的标准来创造新的法律。[95]奥斯丁在一百多年前就以下面这句话来陈述这个现象：“凡法官裁量之所至，即无任何法律。”[96]

相反的，原则论据主张，即便在实证法——即被制定且有实效的法律——的开放领域，法官仍然受到法律拘束，更确切地说，是以一种确立法律与道德之间必然联结的方式受法律所拘束。[97]这符合了联邦宪法法院在前述的法律续造裁定中所说的：

> “法律并不等同于成文制定法的总和。相对于国家权力所制定的法令，在某些情况下还存在着更高的法律。”[98]

原则论据的基础是规则与原则的区分。[99]规则是一旦满足其
构成要件即指示确定法律效果的规范，即满足特定的前提就确定 120
地要求、禁止、允许或授权做某事的规范。规则因此可简称为“确

定性的命令”，它的典型适用方式是涵摄。相对的，原则乃是**最佳化命令**，就此而论，原则是一种规范，它要求某事在相对于法律与事实的可能范围内以尽可能高的程度被实现。这意味着，原则能够以不同的程度被实现，其所要求的实现程度不仅取决于事实上的可能性，同时也取决于法律上的可能性。原则在法律上的实现可能性除了透过规则，基本上是透过相对立的原则所决定。这蕴含了，原则是可被衡量且必须被衡量的。衡量是原则的典型适用方式。

规则与原则这个规范理论上的区分是借由三个命题来导出法律与道德之间的必然关联，这三个命题称为“安置命题”“道德命题”“正确性命题”。借由这三个命题所证成的必然关联首先是概
121 念上的必然关联，其次则是单纯的品质式关联而非——像不正义论据那样的——区分式关联；最后，它只对法律体系的参与者成立，对观察者则否。

A.安置命题

安置命题主张，每一个最低限度发展的法律体系必然包含了原则。在一个充分发展的法律体系中，这样的安置是容易看出的，联邦德国的法律体系就是一个具有启发性的例子。《德国基本法》包含了人性尊严（《基本法》第一条第一项）、自由（《基本法》第二条第一项）、平等（《基本法》第三条第一项）、法治国、民主国与社会国（《基本法》第二十条、第二十八条第一项第一句）等原则，借此《基本法》已将现代自然法与理性法的基本原则以及现代法律与国家的道德原则，安置于联邦德国的法律体系中成为实证法的原则。

这同样也适用于民主法治国类型的法律体系，尽管安置技术有所差异，比重也有所不同。

没有实证主义者会对实证法安置原则这一点有所争执——假设他接受除了规则之外，原则也能属于法律体系。他要挑战的是，由此会产生某种法律与道德之间的必然关联。实证主义者有许多论据可供运用。第一个论据是，法律体系是否会安置任何原则，完 122
全是实证法的问题。[100]如果这是正确的，原则论据将在第一阶段就被击败了，顶多只能够主张由实证法所建立的法律与道德之间的联结，而这是和法实证主义相容的。因为实证主义者并不否认，实证法——如霍斯特所说的——可以“确保道德被纳入考量”。[101]实证主义者所坚持的只是，安置道德原则与否是由实证法所决定的。

因此问题在于：是否不只某些法律体系会依据实证法来安置具有原则结构的规范，而是所有法律体系都必然包含了具有原则结构的规范？这个问题要从参与者观点，尤其是从必须裁决疑难案件的法官观点来回答。所谓疑难案件就是处于法律体系开放领域的案件，它无法仅依据给定的权威性素材来解决。法官是否依赖原则的一个判准是法官进行衡量与否。下面这个命题是成立的：凡是进行衡量，就必然依赖原则。这个命题之所以成立，是因 123
为：正当相互对立的理由存在时，衡量才是必要的，这些理由就其个别而言都是支持某个判决的良好理由，而它们之所以无法直接得出一个确定的判决，只因为同时还存在着其他理由要求作出不同的判决；这样的理由，若非其本身就是原则，就是基于原则的理由。[102]

实证主义者可以承认这一点，却仍然否认由此可以导出：凡是

法官在疑难案件中都进行衡量的法律体系就包含了原则。实证主
124 义者会主张：光是进行衡量，并不意味着被衡量的原则就属于法律体系。按照实证主义的看法，这些原则只是道德原则或者其他性质的原则，衡量的需要并非法律的要求，而是法律以外的要求。对此可以反驳如下：对于参与者而言，法律体系不只是结果意义下的规范体系，而且还是一个程序的体系；从参与者的角度来看，凡是在判决与证立过程中被考量的理由，都属于这个程序，因而也属于法律体系。

原则论据的反对者未必满意这个论点。他可以这么反驳：单从法官在判决与证成的过程中考量了某些理由——即原则，仍不能导出这些理由就属于法律体系。然而借由正确性论据可以排除这个反驳。如前所述，法官的判决必然会提出正确性宣称。[103]由于这个宣称必然联结于法官的判决，所以它是一个法律的宣称而不
125 仅仅是一个道德的宣称。与法律的正确性宣称相应的，是实现这个宣称的义务，不论违反这个义务的法律后果为何。正确性宣称要求，在疑难案件中，只要可能的话，就始终要进行衡量并因而要考虑原则。倘若有一个法官在某个疑难案件中，根据下面的说理从两个与权威素材相容的判决中选择其一："如果我有衡量的话，我会作出另一个判决，但我并没有衡量。"若是如此，则正确性宣称必然没有被实现。这就清楚显示了：在所有存在着疑难案件并引发衡量问题的法律体系中，进行衡量并因而考虑原则是法律上所要求的。这意味着，在所有这样的法律体系中，出于法律的理由，原则是法律体系的必然要素。

原则论据的反对者还有一条最后的出路。他可以主张，可能

存在着没有疑难案件，从而不会有衡量问题的法律体系。由于在
这样的法律体系中不需要考量原则即可作出判决，因此“所有法律
体系必然包含具有原则结构的规范”这个命题并不为真。是否曾 126
存在着这样的法律体系——即没有疑难案件，从而不会有衡量问题的法律体系——是一个有趣的经验问题，但在此不深究这个问题。无论如何，这样的法律体系绝对不是一个已达最低限度发展的法律体系。所以下面这个命题仍然成立：从某个最低限度的发展阶段开始，所有的法律体系都必然包含原则。这足以作为借由原则论据来证成法律与道德之间具有必然关联的基础。“所有法律体系都必然包含原则”这个命题因而可以加上“只限于至少已达最低限度发展的法律体系”这个限制，而不会让原则论据在此被驳倒。

B.道德命题

从“所有已达最低限度发展阶段的法律体系都必然包含具有
原则结构的规范”还不能导出法律与道德之间存在着必然关联。
这就像单以“所有民主法治国型态的法律体系都安置了现代法律
与国家的道德原则”仍无法证成法律与道德的必然关联一样。任 127
何一个实证主义者都可以说，是基于实证法才恰巧安置了这些原则。这可以极端化为下面这个主张：属于法律体系的原则是否建立了法律与道德之间的关联，始终是个实证法的问题。

要反驳这一点，必须区分法律与道德之间具有必然关联这个命题的弱版本与强版本。这个命题的弱版本主张，法律与**某一种**道德之间具有必然关联；强版本则主张，法律和**正确的**道德之间存

在着必然关联。在此只要先关注弱版本的命题，即原则必然存在于法律体系会导致法律和某种道德之间的必然关联。这个命题可称为“**道德命题**”。

如果在疑难案件为了实现正确性宣称所必须考量的原则当中，始终有一些原则属于某种道德，那么道德命题就是正确的。事实上的确如此。在疑难案件的主要工作是去找出实践问题的答
128 案，而这个答案无法从给定的权威素材中确定地得出。在法律领域要解决实践问题，就是去主张什么是应该做的。一个人要主张什么是应该做的，却又无法将其答案完全仰赖于权威的决定，若他要满足正确性宣称，就必须考量所有相关的原则。而在这些与解决实践问题相关的原则当中，始终有属于某种道德的原则。这些原则不需要像自由或法治国原则那么抽象，它们经常是像信赖保护或自然环境保护原则这种比较具体的原则。它们——例如种族隔离原则——也可能在内容上非常不同于民主宪政国家的原则。这里的重点只在于，这些原则始终是某种道德原则，而不论这种道德的正确与否。

实证主义者可能会反驳说，这和他的理论是相容的。法实证主义所强调的正是，在疑难案件中法官必须根据法律以外的标准来裁判，这包括了根据道德原则的判决。[104]然而，这个反驳并没有
129 击中要点。关键在于：首先，按照安置命题，原则必然是法律体系的组成部分；其次，按照道德命题，这些原则必然属于某种道德。这个必然属于法律又属于道德的双重性质意味着，对于法官在疑难案件中的裁判要采取不同于法实证主义的解释。由于依其内容为道德原则的原则被安置在法律中，所以诉诸这些原则的法官是

根据法律的标准作出判决。借用模棱两可的形式与内容二分法，可以说，诉诸原则的法官在内容上是根据道德理由，在形式上是根据法律理由来作出判决。

C.正确性命题

目前为止只证明了原则论据导出了法律和某种道德之间的必然关联。显而易见的反对是，这证明了太少。在谈到法律与道德之间的必然关联时，通常指的是法律与正确的道德之间具有必然关联，对于参与者观点而言特别是如此。如果原则论据不足以建
立法律与正确的道德之间具有某种必然关联，这个反对意见的确 130
会击中非实证主义者。要成功地建立这种必然关联，是**正确性命题**的要旨。正确性命题是在原则论据的架构内适用正确性论据的结果。

如果实证法原则所具有的内容是道德所要求的或至少是道德所允许的，则正确性命题不会造成什么问题。《基本法》的六个基本原则——人性尊严、自由、平等、法治国、民主国、社会国等原则——可以作为例子。作为最佳化命令，这些原则要求尽可能广泛地被实现；它们共同要求趋近地实现法律理想，即民主与社会法治国的理想。[105]当这些原则或其各种下位原则在疑难案件中是相
关的，法官就负有法律的义务针对具体个案去最佳地实现这些原 131
则。法官在此要回答的是一个法律问题，而这个问题依其内容也是政治道德的问题。法官用以证成其衡量结果的论据中至少有一部分在内容上具有道德论据的特性。由此得出了，必然联结于判决的法律正确性宣称包含了道德正确性的宣称。因此，在一个法

律体系中，如果它的实证法原则具有道德所要求的或至少是道德所允许的内容，就存在着法律与正确道德之间的必然关联。

原则论据的反对者可以反驳说：由此所导出的法律与道德之间的必然关联仅限于具有道德正当性的法律体系，但并不能得出适用于所有法律体系的完全必然关联。在这个脉络下，他可以指出像是纳粹法律体系这种包含了种族原则与领袖原则的法律体
132 系，[106]这些原则立基于与基本法原则完全不同的道德。于是他可以问说：正确性论据在原则论据架构内的运用在此要如何导出法律与正确道德之间的必然联结？

在这个问题上原则论据触及了不正义论据，但这一点在此并不重要。关键是，即便是适用种族原则与领袖原则的法官，他的判决也必然提出了正确性宣称。正确性宣称蕴含了可证成性的宣称。可证成性的宣称并非只限于判决在某一种道德的意义下是可证成的，并且就此而言是正确的；它更及于判决在一个可证成的，从而为正确的道德之意义下是正确的。正确性宣称包含了扩展至判决所依据之原则的道德正确性宣称，由此建立了法律与正确的道德之间的必然关联。

批评者可能反对说，以这种方式所建立的法律与正确道德之间的必然联结太过松散，以致无法称之为必然的联结。批评者认
133 为，首先，它只涉及了宣称而非宣称的实现；其次，只论及正确的道德却没有谈到正确的道德是什么。这两个观察都是正确的，但联结命题并不会因此被击倒。

在不正义论据的范围以外——即未达极端不正义的界限时，只凭正确性宣称而非正确性宣称的实现，就能够建立法律与正确

的道德之间的必然关联，这一点是显而易见的。若要着眼于正确性宣称的实现，那就主张过多了。这个主张是，法律——包括每一个法院判决——都必然实现了道德正确性的宣称，简言之：法律始终是道德上正确的。后者蕴含了凡不是道德上正确的就不是法律。在讨论不正义论据时就已指出了，这种强的联结命题是无法被辩护的。因此在这里所涉及的不能是区分的关联，而只能是品质的关联。若未达极端不正义的界限，违反道德并不会导致系争的规范或判决失去法律性质——易言之，使得它们不是法律（区分的关联），而只会导致它们成为法律上有瑕疵的规范或判决（品质的关联）。必然联结于法律的正确性宣称，由于其包含了道德正确 134
性宣称，因此在未达极端不正义的界限时，违反正确的道德虽然不至于丧失法律性质，却必然导致法律上有瑕疵。区分的关联可称为“刚性的”关联，品质的关联可称为“柔性的”关联。即使是柔性的关联也可以是必然的关联。

还有一种反对意见认为，单纯诉诸某种正确的道德是太过薄弱了。就算给出一个全面性的道德规则体系，它能够在每个案件中都明确判断法律规范或司法判决是否违反这些规则，也无法排除这个反对意见。尽管在逾越极端不正义的界限后，对于什么是违反道德的有广泛的共识，但在尚未到达这个界限前，对此仍是充满争议的。然而，这并不意味着，在未达极端不正义的界限时，关于何为正义、何为不正义就完全没有标准。这里的关键在于正确性宣称所蕴含的可证成性宣称。它导出了一个道德观为了不被认定为错误的道德所必须至少满足的一些要求，也导出了一个道德观要有可能成为正确的道德所必须尽量满足的另一些要求。[107]无

法满足这些要求的原则证成，可见于司徒嘉（Stuckart）与葛罗克
135 （Globke）的种族立法注释书对于种族原则的证成：

> “根据最严格的科学知识，今天我们知道了，人类从最深层的、无意识的情绪波动到最细微的脑纤维质都与其所属的民族与种族处于真实的、不可分的关系。种族在精神面貌上的烙印就像在外观容貌上一样清楚。种族决定了人的思想、感受、力量、天性，它构成了人的特性、人的本质。”[108]

这个对于种族原则的证成方式并不符合理性证立的最低要求。只要看“种族决定了个人的思想”这个主张就够了，它完全不符合“最严格的科学知识”，而是经验上错误的，日常经验就足以证明之。

如果从参与者观点将法律体系同时看作是程序的体系，就可以清楚地看出，品质的关联或柔性的关联并不会导出法律与某种
136 特定的、被标志为正确的实质道德之间具有必然关联，反而是导向法律与证成意义下的正确道德理念之间具有必然关联。这个理念绝非空洞的，将正确的道德理念联结于法律，就意味着，属于法律的不只是法律论证的特别规则，还包括了道德论证的一般规则，因为凡是在道德领域有可能为正确者，乃是根据这些规则才成为可能。这些规则排除了显著的不理性与不正义。除此之外，正确道德的理念作为一个必须追求的目标，它具有规制性理念的特色。[109]就此而言，正确性宣称导向了必然联结于法律的理想面向。

第三章　法律的效力 137

第一节　效力的概念 139

对应于法概念的三要素——社会的实效性、内容的正确性、权威的制定性——是三种效力的概念：社会学、伦理学与法学的效力概念。

1.社会学的效力概念

社会学效力概念的对象是社会的效力。一条规范如果被遵守，或者不遵守时会被制裁，那么它就具有**社会的**效力。这个定义可以有许多种解释方式。第一个原因是，它所使用的“遵守”与“制裁”是歧义的概念，特别是遵守规范这个概念。比方说，可以去追问所谓的“遵守规范”是只要有外在的符合规范行为就足够了，还是要预设行为人有一定的认识或动机。如果着重的是后者，就会面临一个问题：必须具有什么样的认识或动机才称得上是“遵守规范”。第二个原因是，规范可以不同程度地被遵守，并且不遵守规范可以不同程度地被制裁，因此，社会的实效乃至规范的社会效力是个程度问题。例如，如果某条规范在它所有适用的状况中有 140

80%被遵守，在它不被遵守的案例中有95%受到制裁，这条规范就有很高的实效程度。反之，如果某条规范在它适用的状况不只有5%被遵守，在它不被遵守的案例中只有3%被制裁，它的实效程度就非常低。然而，在这些极端状况之间的实效程度是不清楚的。假设有一条规范85%被遵守，但在其不被遵守的案例中只有1%被制裁；另一条规范只有20%被遵守，在其不被遵守的案例中却有98%被制裁，这两条规范何者具有较高的社会实效程度，无法只凭数据比较来决定。要回答这个问题，必须在社会的效力概念中去界定"遵守"与"不遵守时被制裁"这两者之间的比重。

在法社会学的领域对于社会效力概念的问题有深入研究；[①]
141 而实效研究[②]所提出的经验问题要求更精确的表述。在此只需要提及三个洞见：第一，社会的效力是个程度问题。第二，依据"遵守"以及"不遵守时被制裁"这两个判准可以认知社会的效力。第三，违反法律规范的制裁包含了物理强制力的运用，这在已发展的法律体系中是由国家所行使的。[③]

2.伦理学的效力概念

伦理学效力概念的对象是道德的效力。一条规范如果是道德上正当的，它就是道德上有效的。伦理学的效力概念是自然法与理
142 性法理论的基础。自然法与理性法规范的效力既不仰赖社会实效，也不仰赖权威的制定，而只依据由道德证成所证明的内容正确性。

3.法学的效力概念

社会学与伦理学的效力概念不需要必然地包含其他效力概念

的要素，在这个意义下它们是纯粹的效力概念。法学的效力概念则有所不同，它的对象是法律的效力。如果一个规范体系或一条规范毫无社会的效力，亦即它没有展现最低的社会实效，那么这个规范体系或这条规范也不会是法律上有效的。法律效力的概念因此必然包含了社会效力的要素。如果它只包含了社会效力的要素，那就是实证主义的法律效力概念；如果它还包含了道德效力的要素，那就是非实证主义的法律效力概念。

一个完全发展的法律效力概念，其作为实证主义的概念包含了社会效力的要素，而作为非实证主义的概念则包含了社会效力与道德效力的要素，但这并不排除去建构一个**狭义的法律效力概念**，这个概念完全只涉及法律效力的特殊性质，从而是一个与社会 143
效力及道德效力概念相对立的概念。如果我们说："当一条规范是由有权机关以按照规定的方式所制定，并且不抵触上位阶的法律——简单说，就是由权威所制定的，则这条规范是**法律上**有效的"，那么此时所指的就是狭义的法律效力概念。

法学的效力概念带来了两个问题：一个是内部的，另一个是外部的。内部的问题来自于法律效力的定义已经预设了法律的效力，因此似乎是个循环定义。否则要如何去说什么是"有权机关"或者规范是以"按照规定的方式"被制定？这个问题导向了基本规范的问题。外部的问题则在于如何决定法学的效力概念与其他两个效力概念之间的关系。与伦理学效力概念的关系在讨论法实证主义时已经处理过了，悬而未决的是与社会学效力概念的关系。以下首先说明外部问题，基于体系的理由也会再次处理法学的效力概念与伦理学效力概念的关系。

144 第二节　效力冲突

极端案例可以让我们认识到在通常情况中所未见之处。在效力概念领域中的极端案例是效力冲突。首先要处理的是法律的效力与社会的效力之间的冲突。

1.法律的效力与社会的效力

之前已证明了，适用于规范体系的未必就适用于个别规范。因此首先要考察的只有规范体系。

(1)规范体系

一个规范体系具有法律效力的条件在于，属于这个规范体系的规范整体而言具有社会实效，也就是社会上有效的。[4]在此只关
145 注已发展的法律体系。一个已发展的法律体系，其规范的法律效力立基于一部成文的或不成文的宪法，它规定了在何种条件下一条规范属于这个法律体系且因此是法律上有效的。根据宪法的效力判准而具有法律效力的个别规范失去其社会效力，并不意味着宪法以及立基于其上的整个规范体系就失去其法律效力。只有当属于这个规范体系的规范整体而言不再具有社会实效——亦即它们整体而言不再被遵守或违反时不再被制裁时，才会跨过这个门槛。

整个规范体系的效力问题最清楚地呈现于两个彼此不容的规范体系相互竞争时，这个情况出现在像是革命、内战或分离的案例中。在一方或另一方胜利后，可以容易地判断哪一个规范体系是有效的：有效的就是相对于另一个规范体系而言已被普遍接受的那个规范体系，因为“被普遍接受”意味着它就是现在唯一整体而言具有社会实效的规范体系。不容易判断的是当规范体系相互竞争，亦即处于政治斗争的时候。这时有三种可能。第一种可能性是，由于两个规范体系当中没有哪一个整体而言是具有社会实效的，因此两者都不是有效的规范体系。第二种可能性在于，虽然没 146
有人知道哪一个规范体系最终胜出，但最终获胜的规范体系是有效的。第三种可能性是，虽然旧的规范体系不再是整体而言具有实效的，但直到新的规范体系被普遍接受——即整体而言具有社会实效——之前，它还是有效的。研究这三种可能性以及各式各样的中间类型，乃是法律体系转型理论的任务。

霍斯特认为，法概念的特征之一在于，一个规范体系仅当它“与社会中其他规范性强制秩序公开冲突时是被普遍接受的”[5]时，才是法律体系，也才是法律上有效的。这个判准可称之为“优势性判准”。优势性判准并没有对于“整体而言具有社会实效”这个判准作出任何补充，因为前者已被包含在后者当中。一个规范体系如果相对于其他规范性强制秩序而言不是被普遍接受的，它就不是整体而言具有社会实效。

(2)个别规范 147

在一个整体而言具有社会实效之法律体系中，某条由权威所制定的个别规范，并不会仅因为它经常不被遵守以及不被遵守时很少出现制裁，就失去其法律效力。因此，和法律体系不同，大体上具有社会实效并非个别规范具有法律效力的条件。这个差异的理由是显而易见的。对于个别规范可以说，它是有效的，因为它属于一个整体而言具有社会实效的法律体系。但对于法律体系而言，这种说法没有意义，因为一个法律体系只能够属于它自己。

然而，对于个别规范而言，法律的效力与社会的效力之间仍然有某种关系，以致这两种效力之间的冲突会对个别规范的法律效力产生影响。个别规范具有法律效力的条件虽不在于它大体上具有社会实效，却在于它必须展现最低限度的社会实效或实效可能性。相应于此的是透过习惯法而废止（Derogation）的现象。这种
148 废止现象在于，一条规范由于其实效性降低到最低限度以下而丧失了法律的效力。就像法律体系整体而言所具有的社会实效一样，这个最低限度——撇开完全无实效的情况不谈——无法一般性地予以精确界定。因此可能在某些案例中，一条规范是否因此种废止而丧失其法律效力是有高度疑义的。

2.法律的效力与道德的效力

法律的效力与道德的效力之间的冲突在批评实证主义的法概念时已作了必要的说明。[6]因此在这里只需要去比较之前所获致的结论与此种效力冲突的解决方式。

(1)规范体系

既未明示也未默示地提出正确性宣称的规范体系就不是法律
149 体系，因此也不可能是法律上有效的。这一点没有多大的实际后果，因为实际存在的法律体系通常都会提出正确性宣称，即便这个

宣称的证成非常薄弱。

具有实际意义的问题出现于，虽然提出了正确性宣称，但正确性宣称之未予实现到达了使得规范体系被认定为不正义体系的程度。现在的问题就是不正义论据在整个规范体系上的适用。乍看之下，似乎可以运用一个类似于用来解决法律效力与道德效力相冲突的公式，亦即一个规范体系如果整体而言是极端不正义的，它就失去其法律效力。然而，在讨论扩散命题与崩溃命题时已经证明了，这个解决之道是行不通的。[7]不正义论据的适用领域仅限于个别规范。只有当许多个别规范因为不正义论据而丧失法律性质，以至于连法律体系存在所必要的最小部分规范都不存在了，这
个体系才不再成为法律体系。但这并不是将不正义论据适用于整 150
个法律体系的结果，而是适用于个别规范的结果所造成的。就法律体系而言，法律效力与社会效力之间的关系和法律效力与道德效力之间的关系具有一种不对称性。这个不对称性就在于，整个法律体系的法律效力依赖社会的效力多过于依赖道德的效力。一个法律体系如果整体而言不具有社会实效的话，它就不再是法律体系了。相反的，一个法律体系尽管整体而言不具有道德正当性，它仍然可以作为法律体系而继续存在。只有当这个法律体系的许多个别规范因为极端不正义而丧失法律性质并因此失去法律效力，以致连法律体系存在所必要的最小部分规范都不再存在时，它才会崩溃。

一个适当的法概念取决于权威制定性、社会实效性与内容正确性这三个要素彼此之间的关系。[8]现在可以清楚地看出，社会实
效性与内容正确性之于权威的制定性并非一般的对等关系，而是 151

有序的阶层关系。

(2)个别规范

个别规范如果是极端不正义的，就失去其法律性质，并因此失去其法律效力。这个判准在结构上相符于下面这个公式：当一条个别规范无法展现最低限度的社会实效或实效可能性时，它就失去其法律效力。[9]这两者着眼的都是边缘案件。如果不说个别规范必须展现最低限度的社会实效或实效可能性，也可以说，它不能是极端无实效的或只有极低的实效可能性。反过来说，“一条个别规范当它是极端不正义的，就失去法律的效力”这个公式也可以替换为下面这个公式：个别规范具有法律效力的前提是，它展现了最低限度的道德可证成性。[10]后者当然会招致一些误解。即便一条

152 规范并非极端的，而只是单纯的不正义，它仍然欠缺了最低限度的道德可证成性，因为不正义的规范本身就是无法被证成的，因而也无法在最低的限度内获得证成。然而一条单纯不正义的规范可以是法律上有效的，但按照最低限度公式，这预设了它展现了最低限度的道德可证成性。要解决这个矛盾，最低限度的道德可证成性这个概念就不能适用至个别规范本身，而是要适用于个别规范的法律效力。由于法律体系的存在具有道德上的好处，属于这个体系的规范的法律效力因此可以展现最低限度的道德可证成性，即便这条规范本身因为其不正义而做不到这一点。因此，最低限度公式当它适用于道德可证成性时，预设了复杂的考量，它反而不如极端不正义这个直截了当的判准。

结论是：当涉及个别规范时，社会的效力与道德的效力这两者

的角色在法律效力的概念架构下具有同样的结构，两者针对的都只是边缘案件。这所表达的事实是：在一个具有社会实效的法律 153
体系之架构下，权威的制定性是个别规范的主要效力判准。法律人的日常实践正证实了这一点。

第三节　基本规范 154

一个排除了社会实效性与内容正确性这两个要素的法律效力概念，在上文将其归类为狭义的法律效力概念，同时也指出了，这个概念除了外部的问题——这个问题在于界定它与社会的效力以及道德的效力之间的关系，还有内部的问题。[11] 内部的问题来自于法律效力在定义上的循环性。狭义的法律效力的定义是：一条规范是法律上有效的，如果它是由有权机关以合乎规定的方式所制定，并且不抵触上位阶的法律——简单说，就是当它是由权威所制定的。"有权机关""以合乎规定的方式制定一条规范"以及"上位
阶的法律"等概念都已经预设了法律效力的概念。它们所指的只 155
能是：基于法律上有效的规范而有权限的机关，以合乎法律规定的方式来制定规范、法律上有效的上位阶法律。若非如此这就不是关于狭义的法律效力概念了。

基本规范是用来解决狭义法律效力概念之循环性的最重要手段。尽管有各种不同的差异可能性，仍可以区分三种形式的基本规范：分析性、规范性与经验性的基本规范。这三种基本规范的最重要版本分别见诸凯尔森、康德与哈特。

1.分析性的基本规范(凯尔森)

(1)基本规范的概念

基本规范是证立一个法律体系中除了基本规范自身以外所有规范之效力的规范。要达到基本规范,只需要问个几次“为什么?”。凯尔森比较了强盗要求交出若干金钱的命令以及税吏要求
156 缴交同样数额金钱的指令。[12]为什么税吏的指令是具有行政处分形式之法律上有效的个体规范[13],强盗的命令却不是?答案在于:税吏可以诉诸制定法的授权,但强盗不行。为什么税吏所依据的制定法是有效的?答案是:宪法授权了立法者去制定这样的法律。但为什么宪法有效呢?这时有人可能会认为,宪法之所以有效,是因为它事实上被制定且具有社会实效,并且接着主张,这个答案就已抵达终点而不能再多说什么了。倘若这个看法是对的,那么授权立法者制定规范的宪法规范就会是——本身相当复杂的——基本规范。

这个答案的问题在于从实然过渡到应然。实然是由宪法的事实制定性与社会实效性所构成的,这可以表述为下面这个命题:

②宪法 V 是事实上被制定且具有社会实效的。[14]

157 应然则是宪法的法律效力,它可以表述为:

③′宪法 V 是法律上有效的。

这个命题是一个应然命题，因为它蕴含了下面这个命题：[15]

③遵守宪法 V 是法律所要求的。

然而，从实然——更精确地说，从任何一个只包含经验命题的集合——无法逻辑地[16]推导出任何规范命题。[17]因此，要从②得出③或③′，还必须加入额外的前提。这个额外的前提就是基本规 158
范，它可以表述为允许从②过渡到③′——然后从③′推导出③，也可以表述为直接得出③，以下将考虑第二种表述方式：

①如果一部宪法是事实上被制定且具有社会实效的，那么遵守这部宪法就是法律所要求的。

现在①、②、③这三个命题可以组成基本规范的三段论，其形式如下：

①如果一部宪法是事实上被制定且具有社会实效的，那么遵守这部宪法就是法律所要求的。

②宪法 V 是事实上被制定且具有社会实效的。

③遵守宪法 V 是法律所要求的。[18] 159

在法理论中几乎没有哪一个观念像基本规范一样引起如此多的争议。关于基本规范的争议集中于四点：基本规范的必要性、可能性、内容与地位。

(2)基本规范的必要性

哈特反对基本规范的必要性，他认为，基本规范导致了不必要的重复：

160 “如果一个规定各种法源的宪法在这个意义下是活生生的现实，即体系中的法院与官员都依据它所提供的判准来鉴别法律，那么这个宪法就是被接受且实际存在的。认为有一条额外的规则要求宪法（或“制定”宪法者）应被服从，这个说法似乎是不必要的重复。”⑲

这个反对的力道在于，它并非将基本规范适用到像是意志表述、行为规律、强制措施等事物，并借助基本规范将它们解释为法律上有效的宪法，而是直接针对践行宪法的制度性事实。依此，下面这个命题可以作为证成“法律上应该”的唯一前提：

②′法律体系 S 的参与者接受并践行宪法 V。

问题在于，是否能由此导出基本规范三段论的结论：

③遵守宪法 V 是法律所要求的。

161 答案是肯定的，如果将③诠释为：

③″从法律体系S参与者的观点来看，这是成立的：遵守宪法V是法律所要求的。

由②′可推得③″，因为法律体系的参与者接受并践行一部宪法这个事实，就意味着从他们的观点来看遵守这部宪法是法律所要求的。但这就证明了基本规范是多余的吗？罗斯（Alf Ross）曾说：

> “但是这条规范本身依其直接的内容就表述了什么是个人应该去做的事情。那么，说‘个人应该去做他所应该做的事情’的意思是什么！”[20]

罗斯这段话是对的吗？答案是否定的，基本规范并不会成为多余的。关键点在于，虽然毋需基本规范就能从②′推论到③″，但②′本身就预设了基本规范。法律体系的参与者接受并践行一部宪法，预设了他们每个人都将特定的事实诠释为创设宪法的事实， 162
这可能是相当复杂的一串事实，这些各式各样的事实在此将被化约为两件事：第一，制宪会议通过了一部宪法；第二，法律体系的参与者接受并践行这部宪法。现在假设法律体系S有某个参与者，他接受并且践行宪法V。这个参与者被问道：为什么宪法V是法律上有效的？这个问题还包括了：为什么遵守宪法V是法律所要求的？

这个参与者或许可以试图借由主张这个问题是无意义的来回避这个问题。为此他可能会像哈特一样主张：那些告诉我们什么是有效法律的宪法规则(哈特将其统称为“承认规则”),其本身就不能再被说是法律上有效的。这些规则是被假定为存在的,并且其存在乃是一个事实问题(“a matter of fact”)。[21]对此的回应是:追问宪法的法律效力问题是常见且可能的。如果一个法官对于“为什么他遵守宪法”这个问题的答案是:“我并不是因为宪法是法
163 律上有效的所以才遵守,而完全是因为我的同行和我都接受并践行这部宪法。这是一个事实问题,没什么好多说的。”这样的答案听来是怪异而做作的。因此要假设,这个参与者不会将宪法的法律效力问题当作是无意义的问题来打发掉。他的回答可能是:

②″宪法V是由制宪会议所通过,并且被法律体系的其他参与者所接受并践行。

这个命题不过就是具体化了凯尔森基本规范三段论的第二个前提:

②宪法V是事实上被制定且具有社会实效的。

单从②既无法推得:

③′宪法V是法律上有效的。

也不能推得:

③遵守宪法 V 是法律所要求的。

要从②或②″得到③′或③，必须预设像①这样的基本规范。之 164
所以难以单从②或②″得出③′或③，就像光从下面这个命题：

④彼得要我给他一百马克。

无法推论出：

⑤我有义务给彼得一百马克。

在第一个情况中，要使得从②或②″推论到③′或③成为可能，需要上述的基本规范。在第二个情况中，要从④推论到⑤，则需要下面这个规范：

⑥我有义务去做彼得要我做的事。

即使制定规范者不只是表述其意志，而是明白表述了一条规范，在此也没有不必要的重复。假设彼得基于他自己的权威——也就是说，并非诉诸法律、道德或社会成规——向我表示我有义务给他一百马克。单从：

④′彼得对我说："有义务给我一百马克。"

仍无法推论出：

⑤我有义务给彼得一百马克。

165 倘若可以这么推论的话，单凭语词就足以对于任何人证立任何义务了。要从④′得出⑤，像下面这样的规范是必需的：

⑥′我有义务去做彼得说我有义务去做的事。

这是重复，但并非不必要的重复。

因此结论是确立两个命题。第一个命题是说，如果一个法律体系的参与者要说宪法是法律上有效的，或者遵守宪法是法律所要求的，他就必须预设基本规范。第二个命题是说，如果对于法律效力的追问不能恣意地中断，那么参与者就必须有可能去说“宪法是法律上有效的”或“遵守宪法是法律所要求的”，而这就预设了基本规范。

(3)基本规范的可能性

基本规范的反对者可以不只提出刚才被反驳的主张，即基本规范是多余的，他还可以反对说，基本规范的效力或存在是不可能
166 的。德沃金在反对哈特的基本规范(承认规则)时就主张：法律无法依据一条着眼于权威制定性与社会实效性的规则来加以鉴别。[22]这个反对意见符合前述的原则论据；[23]按照原则论据，法律还包括了为实现必然联结于法律的正确性宣称所必须考虑的整体

准则。这些准则的确无法完全依据一条着眼于权威制定性与社会实效性的规则来鉴别。

然而，原则论据并不排除基本规范的可能性，它只是指出，仅着眼于经验可确定之事实（制定性/实效性）的基本规范无法完全地鉴别法律，这样的基本规范所能够鉴别的，只是权威制定且具有社会实效的法律。因此，基本规范可以诠释为权威的制定性以及社会的实效性只是属于法律的充分条件，但并非必要条件。因此， 167
根据原则论据下面这个命题并不成立：

①凡是权威制定且具有社会实效者都属于法律，也只有权威制定且具有社会实效者才属于法律。

成立的是下面这个较弱的命题：

②凡是权威制定且具有社会实效者都属于法律。

正如以下（译按："④基本规范的内容"）要指出的，如果要纳入不正义论据，即便这个命题也还必须再弱化。[24] 然而，在命题②的架构内，为了要能够从经验上可确定的事实推论到法律效力，基本规范不只是可能的，而且是必要的。

一条限缩于权威制定且具有社会实效的法律的基本规范，其缺点在于，它不是一个完备的鉴别法律最高判准。这个缺陷可以用一个不完全的、仍只是有限的方式来弥补。为了达到这个目的，必须将不正义论据与原则论据的条款嵌入基本规范。在此只关注

168 原则论据。如果将原则论据的结果纳入基本规范，就会产生一条非实证主义的基本规范，它具有如下的结构：

> 如果一部宪法是事实上被制定且具有社会实效的，那么以符合正确性宣称的方式遵守这部宪法是法律所要求的。

这个表述显示了，非实证主义的基本规范仍只能有限地鉴别法律。“以符合正确性宣称的方式”这个条款指向了某些道德准则，却没有列举出这些道德准则，也没有提出一个可以明确鉴别这些道德准则的判准。这个开放性是不可避免的，它之所以是可接受的，只因为有法学方法的规则排除由开放走向恣意。[25]尤其是这些规则防止了以诉诸正确性宣称来任意压制那些被制定且具有实效的规范。[26]法学方法的规则必须要做到这一点，因为法安定性是法律正确性的本质要素之一。

169 **(4)基本规范的内容**

根据凯尔森，基本规范是完全内容中立的：

> “这部宪法以及在其基础上所建立的国家法秩序具有什么样的内容，这个秩序的公正与否，乃至这个法秩序实际上是否在其所构成的社会中保障了相对的和平状态，这些都不是问题。在预设基本规范时，并没有肯定任何超越实证法的价值。”[27]“因此，法律可以有任何的内容。”[28]

这抵触了不正义论据。根据不正义论据，极端不正义的规范不可能具有法律规范的性质。[29]不过，基本规范的观念并不会因此被拖垮。基本规范的表述可以嵌入一条考量到不正义论据的条款。一个既符合原则论据也符合不正义论据的基本规范表述是：

> 如果一部宪法是事实上被制定且具有社会实效的，那么只要这部宪法的规范并非极端不正义的，以符合正确性宣称 170
> 的方式遵守这部宪法就是法律所要求的。

这个表述并不只适用于宪法。在本书最后一章提出法律的定义时会再处理依宪法所制定的规范。

(5)基本规范的地位与任务

A.任务

基本规范必须达到三个完全不同的任务，这造成了定位基本规范的困难。

a.范畴转换

基本规范的第一个任务在于，使得从实然过渡到应然成为可能。实然与应然是两个完全不同的范畴。因此第一个任务可称为 171
“范畴转换”。[30]借由将特定的事实解释为创设法律的事实，就迈向了法律领域。

b.确立判准

倘若基本规范容许将任何事实——比方说，每个实际出现的意志表述——都解释为创设法律的事实，就仍无法迈入法律领域。因此基本规范负有第二个任务，它必须确定要将哪些事实视为创设法律的事实，借此它就确立了“什么是法律”的判准。基本规范的第二个任务因此可称为“**确立判准**”。如前所述，凯尔森的判准是“一部事实上被制定且大体上具有实效的宪法”[31]，另一个版本则是“历史上第一部国家宪法”[32]。这些判准所包含的指示就是：关于什么是有效法律的判准就是宪法的判准。因此凯尔森可以将其基本规范表述得一来相当简洁，二来可适用于所有已发展的法律体系。相反的，在哈特的理论中，他将基本规范（承认规则）等同
172 于述说法律是什么的宪法规则，由此哈特的基本规范变得相当复杂而且只适用于各自的法律体系，它的一般性仅仅在于，每一个已发展的法律体系都必定拥有像是承认规则这样的规范。凯尔森与哈特的判准都是实证主义式的。如前所述，不正义论据要求对实证主义式的判准作出限制，原则论据则要求对其加以补充。

c.建立统一性

基本规范的第三个任务在于**建立统一性**：

> “所有其效力皆可溯自同一条基本规范的规范就形成了一个规范体系，即一个规范性秩序。对于所有属于同一个秩序的规范，基本规范是其效力的共同来源，即它们共同的效力根据。一条特定的规范之所以属于某个特定秩序，乃由于它最终的效力根据是这个秩序的基本规范。这条基本规范作为所有属于这个秩序之规范的效力根据，构成了众多规范的统一性。”[33]

由此可以看出一个问题：每个已发展的法律体系的基本规范，其内容与地位都是相同的。是同一条基本规范建立了各个不同法 173
律体系的统一性吗？这如何可能？或者统一性是由宪法所造成的？这个问题得暂且搁置。

B.地位

基本规范的地位问题主要涉及它的第一个任务：范畴转换。作为证立所有实证法效力的规范，基本规范就不能又是一条实证法的规范。[34]那它是什么样的规范呢？有人或许会认为，它只可能是非实证的规范，而作为非实证的规范它就必定是自然法或理性法的规范。但凯尔森坚决地反对这一点。[35]如果基本规范既不是实证法的规范也不是超实证法的，即自然法或理性法的规范，那么它该是什么呢？

不只从无止境的文献，而且从凯尔森自己到晚年对此仍有所疑问，就可以看出这不是个简单的问题。[36]凯尔森对这个问题最著
名的回答见于《纯粹法学》(*Reine Rechtslehre*)第二版(1960)。在 174
这本书中基本规范的地位是透过四个性质来界定的。

a.必然预设

第一个性质是，如果要谈论法律效力或者法律的应然，就必须必然地预设基本规范。[37]在讨论基本规范的概念时已经清楚显示了，这个命题就此而言是正确的：如果要从“某件事情是被制定且具有实效的”这个断定过渡到“某件事情是法律上有效或者法律上应该做的”这个断定，就必须预设某条基本规范。然而，在讨论基本规范的可能性与内容时指出了，这个基本规范虽然必须包含凯尔森式的要素，但它仍要透过非实证主义的要素予以补充。

由于基本规范是认识法律效力与法律应然之所以可能的必要条件，因此凯尔森借用康德式的术语，将其基本规范称为法律认识的“先验逻辑预设”(transzendental-logische Voraussetzung)。按
175 照康德，“先验的”就是使得经验认识成为可能所必要的，[38]就此而论凯尔森的刻画是正确的。然而，所谓“先验的”在凯尔森与康德之间有一个重大差异，它显现于基本规范的第二个性质。

b.可能预设

基本规范的第二个性质在于，**倘若**要将法律解释为应然秩序，虽然必须必然地预设基本规范，但这个解释本身只是一种**可能的解释**。[39]正如社会学与心理学的法理论所证明的，有可能将法律描述或说明为单纯的社会与/或心理作用联结，[40]虽然这种做法对于许多目标而言并不是很有成效。[41]凯尔森自己也强调这一点。他指出，对于法律，除了法学的解释之外还有将法律理解为“权力关
176 系”体系的社会学解释。[42]因此可以说，基本规范只是一个可能的或假设性的必然预设。

这对于基本规范的先验特性有所影响。[43]根据康德，在经验的领域中，比方说，除了空间与时间的直观形式外，没有替代的选择。依此，经验认识只有在空间与时间中才有可能。[44]相反的，对于法律现象的认识基本上仍有可能不运用应然的范畴。然而，这并不会完全扬弃凯尔森的论证所具有的先验特性。虽然他的论证无法证明基本规范乃至“应然”这个范畴的无条件必然性，但仍可证明某种有条件的必然性。法学观点或者法律体系的参与者观点是由此来定义的：在这个观点下法律被解释为一个有效的规范体系或

者应然秩序。虽然一个人可以不只在行动中，甚至在思想上拒绝
参与一个（完全真实的）法律游戏，但如果他要进入这个游戏，并且
有良好的理由至少在实践中这么做，那么除了“应然”这个范畴以 177
及基本规范之外就没有其他选择的可能。凯尔森的论证因此可称
为“弱的先验论证”。它显示了，引入“应然”这个范畴的基本规范
（未必是凯尔森式的）是法律领域的关键。

c.想像的规范

凯尔森式基本规范的第三个性质在于，他认为这个规范只是一条**想像的**规范。[45]它必须是如此，因为倘若基本规范是表达某人意志的规范，由于单从意欲不能导出应然，就必须预设另外一条规范将这个意志的内容先转换为应然的内容。倘若如此，基本规范就不会是基本规范了。

基本规范的第一及第二个性质可以被接受，但这里就出现问
题了。第一个问题是“想像的规范”这个概念。凯尔森在他晚年的
著作中撤回了基本规范只是“思想行为的内容”[46]这个主张。[47]他
认为“没有无意欲的‘应该’”[48]，因此“伴随着想像的基本规范也必 178
须同时设想一个假想的权威……其——拟制的——意志行为的意
义就是基本规范”[49]。凯尔森自己将这个想法称作“本身就是自我
矛盾的”，因为按照这个想法，最高的权威是由一个更高的——虽
然只是拟制的——权威所授权的，[50]但这意味着，这个最高的权威
其实并不是最高权威，还必须再拟制另外一条基本规范，它授权这
个拟制的权威去制定基本规范，这样一来原本的基本规范就失去
其基本规范的特性，二来由于另外一条基本规范也只能够是意志
行为的内容，因此必须永无止境地再预设其他的拟制权威以及授

予其权力的拟制基本规范。凯尔森的主张，即这涉及“真正的拟制”以及此种拟制的特性就在于自我矛盾[51]，其实并未解决问题。

如果放弃“每个‘应该’都必定可化为意欲”这个想法，就可以
179 解决这个问题。有良好的理由支持这么做。虽然“应该”经常联结于意欲，但也有无意欲的“应该”。例如某个人可能基于公平或正义的考量认为他在道德上有义务不逃税，但他又同时想要逃税，因而他没有依照自己关于道德上应该做什么的判断而行动。如果“对于应然的认识并不必然联结于自身或他人的意志行为”这个主张是对的，[52]那么“基本规范只是一条想像的规范”这个想法并不会造成困难。

第二个问题是想像的基本规范之规范性或规定性。凯尔森将想像的基本规范表述为关于一个人应该做什么的陈述：“应该依宪法的规定行事。”[53]这只是问题的一面；另一面在于，按照凯尔森的看法，法学——当它依据这条基本规范来认识法律——并不能规
180 定任何事情：“它并未规定一个人应该服从制宪者的命令。”[54]法学家在表述“什么是法律上应该的”的语句时，一方面必须预设：“应该依宪法从而也依法律的规定行事”；另一方面，借由表述这样的语句，他却未规定应该遵守宪法从而也应该遵守法律，这如何可能？解决之道在于规定的概念。当一个人 a 要求另一个人 b 去做某件事，a 就规定了 b 某件事。根据凯尔森，法学家作为法学家，他并不要求任何人应该遵守宪法且因此应该遵守法律。作为法学家，他可以毫不迟疑地告知关于法律义务的资讯；但作为一个人，他同时可以要求基于道德的理由不要去服从法律义务。这导致法律的规范性具有假言或相对的特性。一个告知法律义务的法学家

并不是在说："你应该去做 h 这个行为。"他所告知的毋宁是说："如果你站在法律的观点，你有义务去做 h 这个行为。"要能够这 181
么说，也只为了能够这么说，凯尔森式的基本规范——"应该依宪法的规定行事"——是必要的。因此法学家事实上并不规定任何事情。是否要站在法律观点，是留给其表述的对象基于各式各样的考量来决定的，尤其并没有规定这个对象非得站在法律观点不可。这对于法律所采取的是一种完全超然的态度。只有对于参与法律游戏者——不论他是出于什么样的理由而参与——才有法律义务的存在；对于那不参与法律游戏者，就只存在着遭受强制行为的风险而已。就此而言，法律并不赋予任何义务。这样的解释是可能的，并不成问题，问题只在于它是否恰当。

法律规范性的假言或相对特性，在凯尔森多处笔下只有相当不完整的表述。例如，凯尔森认为基本规范三段论的结论是：应该以特定的方式行事。[55]这让人以为，仿佛基本规范导向一个独立于
任何观点的定言义务，这会造成一个错误的诠释，即认为凯尔森借 182
由其基本规范证立了遵守任何法律规范的普遍义务。因此，在基本规范的脉络中，说"法律上应该"要比单纯说"应该"来得好。不过，凯尔森对于这个"应该"的诠释是否适当，仍是个悬而未决的问题。

d.不可证立性

凯尔森认为基本规范的第四个性质在于它无法被证立："不能再去追问其效力的根据。"[56]这个命题乍看之下是合理的。基本规范之所以为基本规范就在于它是最高的规范。倘若基本规范还需要被证立，就必须预设一条更高的规范，但如此一来基本规范就不

再是最高的规范，也因此就不再是基本规范了。不过，进一步来看，这个论点可以轻而易举地被驳倒。在此所谈的基本规范只是法律的基本规范，作为法律的最高规范，它的确无法再被另外一条
183 法律规范所证立。但这并不排除，它可以借由其他种类的规范或规范观点——例如道德规范或合目的性的考量——来证立。凯尔森可能会反对说：倘若如此，这些其他的规范就会是法律的基本规范，或者这些考量必须转化为法律的基本规范。然而，并不必然如此。可以说，借助基本规范就迈出了通往法律领域的一步，并且有道德的或其他非法律的理由支持迈出这一步。

要看出凯尔森“不能再追问基本规范的效力”[57]这个主张是不正确的，只需要问道：为什么应该将每个整体而言具有实效的强制秩序解释为法律秩序？凯尔森是对的，当他说：仅当预设其基本规范，才能将每个整体而言具有实效的强制秩序解释为法律秩序。但为什么非得将每个整体而言具有实效的强制秩序解释为法律秩序呢？指出基本规范并不足以作为论证，因为预设基本规范的意思正是将每个整体而言具有实效的强制秩序解释为法律秩序。由
184 于解释为法律秩序和预设基本规范是一体两面，因此两者不能互为证成。

对于“为什么应该将每个整体而言具有实效的强制秩序解释为法律秩序，亦即为什么应该预设凯尔森式的基本规范?”这个问题有相当不同的回答。第一种回答是，这完全是个决定或决断的问题。然而这并不是一个论证。第二种回答是，这是个合目的性的做法。倘若个人与集体（例如国家）采取这种解释，他们将能够更好地指引自己的行为并且更成功地采取行动。第三种回答是，

基于道德理由——例如避免内战——需要基本规范。在此关键的问题仍然是，最佳的道德证成是否的确会导出凯尔森版本的基本规范。在批评法实证主义时所讨论的不正义论据显示了有良好的道德理由不将所有权威制定且具有实效者皆赋予其法律性质，而原则论据也得出这样的结论：并不是只有权威制定且具有实效的才是法律。在讨论康德式的基本规范时还会再回到这一点。第四
种回答是，凯尔森的基本规范表明了法学实践得以成立的基础。185
这是一种经验重构的论证。凯尔森所说的："它（译按：基本规范）只是将所有法律人——大多是无意识地——所做的，提升到有意识的层次"接近于这种论证；但当他补充说："如果他们将法律完全理解为实证法的话"[58]，就又马上背离这个论证了。法律人是否将法律完全理解为实证法，这是个经验问题，但凯尔森并没有处理这个问题。因此他的命题"如果法律人完全以实证主义的方式来理解法律的话，基本规范就只是将法律人所做的提升到有意识的层次"并不是一个经验主张，它不是对于法学实践的经验重构，而是阐明或定义了法实证主义的观点。不只这个观点的正确性是个有待解决的问题，就连它是否正确地重述了实际所进行的法学实践，也是一个未被关注的问题。

凯尔森的基本规范理论可以总结如下：凯尔森是对的，当他
说：如果要从"某件事情是被制定且具有实效的"这个断定过渡到 186
"某件事情是法律上有效或者法律上应该做的"这个断定，就必须预设基本规范。但是这条基本规范不一定就具有凯尔森式基本规范的内容，它可以包含考量到不正义论据的道德要素。此外要同意凯尔森的是，虽然要将法律解释为应然秩序就必须必然地预设

基本规范，但是不一定要采取这种解释。因此，基本规范只具有弱的先验特性。最后这一点也是正确的：基本规范只是一条想像的规范。然而，凯尔森主张基本规范是不能被证立的，这一点并不正确。相反的，基本规范是需要被证立的。这就导向了规范性基本规范的问题。

2.规范性的基本规范（康德）

康德并没有谈到“基本规范”，与凯尔森不同，这也不是康德法律哲学的核心。尽管如此，在康德的学说中基本规范的观念仍被清楚地表述如下：

> “因此可以想像一个外在的立法，它只包含实证法；但必
> 187 须先有一条证成立法者权威（亦即单凭其意欲而拘束他人的
> 权力）的自然法则。”[59]

由此就指出了基本规范的本质性质：基本规范是一条先于实证法的规范，它证成了立法者颁布这些实证法的权力，从而证成了它们的效力。与凯尔森关键的不同在于，康德的基本规范不只是认识论上的预设，而是一条“自然法则”（natürliches Gesetz）。根据康德，自然法则乃是“即便没有外在立法也能透过理性来先天地认识其拘束力”[60]的法则。康德的基本规范因此乃是一条理性法或者——用较旧的术语来说——自然法的规范，[61]它是对于实证法效力之理性法或自然法的证立。这样的证立所导出的结果与凯尔森理论中法律所具有的道德超然特性完全相反，它得出了服从

法律的道德义务。

康德的基本规范理论深植于其法律哲学的脉络中，而康德的法律哲学与其道德哲学紧密相联。[62]不论是康德的法律哲学或道德哲学，在此都无法给予入门式的阐述，而只能够着眼于康德提出其基本规范的理由及其内容。 188

康德对其基本规范的证成是他证成实证法之必要性的一部分。这种证成立足于社会契约论的传统。这种理论的构成特征在于区分自然状态与法律状态或国家状态——康德将后者称为“公民”状态。各种社会契约论的不同之处主要来自于对自然状态的诠释。根据康德，在自然状态中就已存在着透过理性所证成的权利，但这些权利却不能在自然状态中获得确保。因此，为了确保这些权利，从自然状态过渡到公民或国家状态是理性所要求的：

“先天就存在于这种（非法律的）状态之理性观念当中的是：在达到一个公共的制定法状态之前，个别的人们、民族与国家都不可能免于彼此暴力相向，因为每个人都有权利去做他认为对的与好的行为，而不管他人的意见如何。因此如果 189
他不想弃绝所有的法律概念，他所必须决定的第一件事就是这个原则：必须脱离每个人各凭己意行事的自然状态，而与所有其他人（一个人不可能避免与他人进行互动）联合起来，将自己从属于公共制定法的外在强制，也就是必须进入这样的状态：在这个状态中，什么是每个人所应拥有的，是由法律来规定的，并且是透过有效的权力（这不是他自己的权力，而是外在的权力）来分配给他的。易言之，最重要的就是他应该进

入公民状态。”[63]

有人可能认为，这个对于实证法必要性的证成，导致了实证法所要确保的自然权利将以某种方式被安置于基本规范当中。然而并非如此。康德的基本规范完全是以法安定性与法律和平为导向的。虽然实证法的效力是由基本规范所赋予的，但就像凯尔森的
190 基本规范，实证法的内容对于康德的基本规范是无关紧要的。这一点清楚地显示于，当康德将其基本规范表述为一条“实践理性原则”，它要求“应当服从现存的立法权力，不论其来源为何”[64]。这导致了实证法绝对优先于理性法，而此种绝对优先性是由理性法所证成的。这从康德对于抵抗权以及法学家任务的阐述可以最清楚地看出。康德否定抵抗权的存在：

“因此，人民不能合法地反抗国家最高的立法权力，因为只有从属于其普遍立法的意志，才可能有法律状态。”[65]

关于法学家的任务则是：

“熟稔文本的法学家不是在其理性，而是在公共制定且由最高权威批准的法典中去寻求确保‘我所拥有者’与‘你所拥有者’的法律（如果他像——也应当像——公务员一样行事）。不可能合理地期待他去证明这些法律之为真与正当性，也无
191 法合理地期待他在面对理性所提出的反驳时为这些法律而辩护。因为是法令首先使得某事成为正当的，此时若去追问法

令本身是否也可能是正当的，必定会被法学家直斥为荒唐。对于一个外在且最高的权威，由于其据称与理性不符就拒绝服从之，乃是无稽之谈。因为政府的威望就在于，它不让其臣民自由地依照自己的想法，而是要按照立法权力的规定去判断何为正当、何为不正当。”[66]

康德以理性法来证成实证法绝对优先于理性法，这一点一再受到批评。[67]这个批评可以在康德的论点中找到依据，这些论点与实证法——即便是极端不正义的实证法——绝对优先于理性法是不相容或难以相容的。例如，康德斥责纯粹经验导向的法律学者：

“什么是合法的（quid sit iuris）：亦即在特定时地下制定法说了什么，他（译按：纯粹经验导向的法律学者）或许还能予以陈述，但他仍不明了，制定法所要求的是否就是正当的，以及什么是据以认识究竟何为正当、何为不正当的普遍判准……纯粹的经验法学（就像斐德若篇的寓言中那颗木头一样）是一颗或许美丽，可惜缺乏脑袋的头颅。”[68] 192

这与之前所引述康德的观点要如何相容，即追问国家法律的正确性或正义必定“会被法学家直斥为荒唐”？[69]康德的“每个公共制定法之正当性的试金石”也引起了对康德理论之内在融贯性的疑虑，它说的是：

“凡是人民不能为自己作出决定的：立法者也不能为人民

作决定。”[70]

难道这个判准——即便在暴君恣意的情况下——真的完全不能限缩服从制定法的义务吗？法安定性与法律和平真的必然要求遵守每一条国家的制定法，即便它是极端不正义的、完全蔑视康德所说的“每个人由于其作为人所拥有的唯一、原初的权利”[71]——即自由的权利？在讨论不正义论据时已指出了，实证法的这种无限优先性必须予以驳斥，极端不正义的制定法必须否认其法律性质。[72]

193 对于评估康德的基本规范，这意味着什么？有两个可能性可供选择。选择第一种可能性的人认为，康德的基本规范最符合康德的基本原则，如此一来，就必须根据外在于康德体系的观点来批评其基本规范。选择第二种可能性的人则认为，康德的基本规范并非其基本原则的必然结论，也不是最佳结论。这个命题可以联结于下面这个主张：比起康德自己所提出的严格版本，透过像是拉德布鲁赫公式的判准来限制康德的基本规范所要求的服从义务，会更符合康德的体系。这符合一种理论诠释的洞见：即便是一个伟大的哲学家也未必始终由其基本原则得出正确的结论。要采取哪一种可能性，在此无法以必要的仔细程度去阐述，因此只能作出这样的推测：康德对其基本规范的严格表述，并不是由其体系所必
194 然推得的结论，而是屈从于受其时代局限的专制国家想法。[73]如果这个推测是正确的，康德的基本规范就必须按照不正义论据来予以修正；如果这个推测不正确，那么康德立基于理性法的基本规范，就其效果而言是比凯尔森的基本规范更为实证主义式的。凯

尔森的基本规范说的只是：如果有人想这么做的话，他可以将每条被制定且具有实效的规范解释为法律上有效的规范，而不会由此产生任何道德义务。相反的，康德的基本规范——如果不对其加以限制的话——所说的是：不论一个人是否想要这么做，都必须将每条被制定且具有实效的规范解释为法律上有效的规范，此外还负有道德义务去服从每一条这种规范。这种立基于道德的激进实证主义，比起凯尔森的怀疑式认识论版本更难以令人接受。

3.经验性的基本规范（哈特）

对于哈特式基本规范的批评基本上已在讨论凯尔森的基本规范理论时谈过了。由于哈特式基本规范在文献中具有重要地位， 195
以及它是除了康德式的基本规范以外，有别于凯尔森式基本规范最重要的替代方案，因此仍然必须在体系上给予其同等地位的阐述。

哈特不将他的基本规范称为“基本规范”（basic norm），而称为“承认规则”（rule of recognition）。哈特坦承，他的承认规则理论在某些方面类似于凯尔森基本规范的想法。[74]哈特之所以使用不同的术语主要是由于他的基本规范具有不同的地位。[75]

哈特的承认规则与凯尔森的基本规范之间有若合符节之处是一目了然的。承认规则包含了将规则（哈特不说“规范”，而是说“规则”）鉴别为有效法律的判准。[76]承认规则是法律体系的终极规则（ultimate rule）。[77]就其本身而论，承认规则包含了法律体系中除了它自身以外所有其他规则的效力判准与根据。[78]就像凯尔森
的基本规范一样，如果在法律体系的阶层构造中一直不断追问效 196

力的根据，最终就会抵达哈特的承认规则。哈特借由一个例子展示对于效力根据的最终答案，并由此表述了贴切于此例的承认规则："女王在国会所制定者即是法律。"[79]

不过，承认规则和基本规范的差异也同样是清楚可见的。最重要的差别在于，承认规则是否存在及其内容为何是个经验问题。[80]

> "承认规则仅存在于法院、政府官员和一般人民援引特定判准以鉴别法律这个复杂但通常一致的实践当中。承认规则的存在是个事实问题。"[81]

这就是为什么我们只能说承认规则存在，而不能说承认规则有效的原因。承认规则虽然是所有其他规则的效力判准，但作为最高的效力判准，它本身不能够又是有效的。[82]承认规则的存在展现于法律体系的参与者如何将规则鉴别为有效法律的方式中。[83]

197 乍看之下，这是对于基本规范问题一个迷人的简单解决方案。然而，在讨论凯尔森的基本规范时已经清楚指出，这是一个过分简单的解决方案。哈特从展现于法律实践中对于承认规则的接受，推论到承认规则的存在，然后运用承认规则的存在作为所有其他法律规则的效力根据。关键的问题在于接受的概念。接受一条在共同实践中所表述的规则，意味着从这个实践存在的事实过渡到应该遵循这个实践的结论。凯尔森式基本规范理论的优点就在于，让这个从实然到应然的过渡不再隐藏于像接受以及实践存在这些概念的背后，而是将其揭示成为讨论的主题。经验性的基本规范理论终究不会成功，因为它无法妥当处理每一个基本规范理论的根本问题，即从实然过渡到应然的问题。[84]

199 第四章　定义

201 现在要将之前的论述总结为一个定义：

法律是一个规范体系，它(1)提出正确性宣称；(2)是由下列这些规范全体所组成的，即一部大体上具有社会实效且非极端不正义之宪法所包含的规范，以及依据该宪法所制定的，展现最低限度的社会实效或实效可能性，且非极端不正义的规范；(3)它还包含了法律适用程序为了实现正确性宣称所依据且/或必须依据的原则以及其他规范论据。

这是一个参与者观点下的法律定义[1]，因此是一个法学的法
202 律定义。所定义的法概念包含了效力的概念。[2]定义的三个部分分别对应于正确性论据、不正义论据与原则论据。这个定义的第一部分包含了正确性宣称这个定义要素。[3]既未明示也未默示提出正确性宣称的规范体系即非法律体系。[4]就此而言，正确性宣称具有区分性的意义。[5]但这没有多大的实际效果，因为实际存在的法律体系通常都会提出正确性宣称，无论这个宣称的证成是多么薄弱。从实践的观点来看，更重要的是正确性宣称的品质性意义[6]，这个意义在于：光是未实现正确性宣称并不会使得法律体系与个别法律规范丧失法律性质或法律效力，但会使其在法律上有瑕疵。[7]这就表述了法律必然具有理想的面向。

这个定义的第二部分界定了权威制定性、社会实效性与内容
正确性这三个典型定义要素之间的关系。它是在两个层面上进行
的:宪法的层面以及依据宪法所制定之规范的层面。这显示了这 203
个定义的适用范围是有限的,它只适用于展现了阶层结构的已发
展法律体系。对于未发展的法律体系可能需要作出一个简化版的
定义,但在此不处理这个问题。

一部宪法具有效力的前提在于,它大体上具有社会实效。这
个公式涉及了整个法律体系的社会效力,因为一部宪法大体上具
有社会实效,仅当依据这部宪法所制定的整个法律体系整体而言
具有社会实效,[8]整体而言具有社会实效这个概念还包含了在诸
多法律的定义中所称的“强制性”与“优越于相竞逐的规范体系”这
两个要素。这个概念之所以包含“强制性”这个要素,是因为一条
规范的社会实效就在于它被遵守或者不遵守时会受到制裁,并且
对于不遵守法律规范的制裁包含了物理强制力的运用,这在已发
展的法律体系中是由国家所行使的。[9]整体而言具有社会实效这
个概念之所以包括“优越于相竞逐的规范体系”这个要素,则是因
为一个规范体系如果相对于其他强制秩序不是被普遍接受的,它 204
就不是整体而言具有社会实效。[10]

目前为止关于宪法效力的说明,亦即定义的第二部分之第一层面所说的,也适用于实证主义的法概念。定义的这个部分所具有的非实证主义特征则在于,“大体上具有社会实效的宪法”这个判准受到“极端不正义”这个负面的定义要素所限制。作这样限制的理由在于不正义论据。[11]但要强调的是,和大体上具有社会实效不同,极端不正义这个要素不是适用于宪法整体,而是适用于个别

的宪法规范。[12]这表示了整个法律体系的法律效力较多地依赖于社会的效力而不是道德的效力。[13]

定义的第二部分之第二个层面涉及了依据宪法所制定的个别
205 规范。这个层面是必要的，因为和法律体系不同，对于个别规范而言，大体上具有社会实效并非其具有法律效力的条件。在一个具有阶层结构的法律体系中，取而代之的是依据大体上具有社会实效的宪法之权威制定性判准。[14]对于这个判准有两个限制。权威制定的规范如果没有展现最低限度的社会实效或实效可能性，并且/或者是极端不正义的，就失去其法律效力。[15]后者再度表现了此处所提出之法概念的非实证主义特征。

虽然定义的第二部分借由极端不正义这个特征限缩了实证主义的法概念，但它的第三部分却借由将法律适用程序纳入法律的
206 概念当中[16]而拓展了法概念的外延，即什么属于法律。[17]凡是适用法律者在法律的开放领域中为了实现正确性宣称所依据且/或必须依据者，都属于法律。因此原则——即便它不能根据宪法的效力判准被鉴别为法律原则——以及其他证成判决的规范性论据都会成为法律的组成部分。“所依据且/或必须依据”这个条款表述了法律适用的现实面向与理想面向。法律适用者的判决实际上所依据的论据——即便其判决并不符合正确性宣称——以及为了实现正确性宣称所必须依据的论据，两者都属于法律。由此就有可能从法律的观点来批评法律裁判的实务。

注　释

第一章　法实证主义的问题

①在此只举一例：色诺芬（Xenophon 1917：16）转述了阿尔喀比亚德（Alkibiades）对伯里克利（Perikles）问道："那么，如果一个掌握国家政权的暴君规定了公民应该做什么，这也是一条法律吗？"时至今日，倘若将"法律"理解为"具有法效力"，对于这个问题仍有不同的答案。

②Kelsen 1960：201.

③"合乎规定的制定性"（ordnungsgemäße Gesetztheit）与"权威的制定性"（autoritative Gesetztheit）这两个术语可以但不一定要当作同义词来使用。如果它们同样指涉那些规定了制定规范权限的规范，即规定谁有权以何种方式来制定规范，它们就是被当作同义词来使用。借由确立合乎规定的制定性之判准，这些规范证立了制定规范的权威。在这个前提下，凡是合乎规定被制定的，就是权威制定的，反之亦然。相对的，如果"合乎规定的制定性"只指涉权限规范，而"权威的制定性"指涉的只是（或者也包括了）事实上的制定规范权力，这两个术语就不是被当作同义词来使用。在此只需指出有这样的不同意义就够了。由于作为实效面向之一的权力要素可被归属于社会实效，因此在本书中将把"合乎规定的制定性"与"权威的制定性"这两个术语当作同义词来使用。（德文原文均用"ordnungsgemäße Gesetztheit"一词，为求简洁及易于理解，除少数几处行文外，原则上皆按照英译本的做法将其译为"权威的制定性"。——译者）

④对此参见：Ott 1976：33—98。

⑤见：R.Dreier 1991：96。

⑥BVerfGE 23,98(106).

⑦参见:如,BGHSt 2,173(174 ff.)。

⑧BVerfGE 34,269(286 f.).联邦宪法法院在后来的裁判中虽然多次对于法官违反制定法之文义的法律续造表达更为保留的态度,但仍然坚持原则上这是可允许的,见:BVerfGE 35,263(278 ff.);37,67(81);38,386(396 f.);49,304(318 ff.);65,182(190 ff.);71,354(362 f.);82,6(11 ff.)。

⑨Koch/Rüßmann 1982:255;另参见:Müller 1986:69 f.。《民法》第二五三条是前宪法的法律。按照联邦宪法法院的见解,《民法》第二五三条作为前宪法的法律,仅当联邦立法者"有意采纳之"时[BVerfGE 64,217(220)],才能循具体规范审查的途径来检验其合宪性。若非如此,民事法院本得以《民法》第二五三条抵触《基本法》第二条第一项联结于《基本法》第一条第一项为由,宣告其部分违宪,如此一来,文义的障碍对其而言就不存在了。

⑩此处关注的只是实证主义的一个版本,即制定法实证主义。不过这个论点可以轻易地扩展到其他种类的实证主义。

第二章　法律的概念

①结合外在与内在面向的例子可见于:Ross 1958:73 f.。

②Weber 1976:17。就其细节而言,韦伯的社会学法概念远比这段引文所表述的更为复杂,但就像其他的定义例子一样,在此所关注的只是其基本观念。对于韦伯的法概念更为详细的阐述参见:Loos 1970:93 ff.。

③Geiger 1987:297.

④Holmes 1897:460 f.;对此参见:Summers 1982:116 ff.。

⑤Bierling 1894:19.

⑥Luhmann 1972:105.

⑦J.Austin 1885:88.

⑧Ebd.89.

⑨Ebd.86 f.

⑩Ebd.221.

⑪Kelsen 1960:45 ff.

⑫Ebd.219.

⑬见本书100页以下。

⑭Kelsen 1960:219.

⑮见本书129页以下。

⑯Hart 1961:107.

⑰Ebd.104.

⑱可以想像第三类的论据，即经验性论据。但进一步来看会发现，如果所涉及的是分离命题或者联结命题意义下对于法概念的定义，经验性论据就成了分析性或规范性论据的组成部分。“一个不保护其任何成员之生命、自由与财产的法律体系不会长久有效”是一个经验命题。但保护生命、自由与财产也是道德要求。因此可以说，对于法律体系的长久有效而言，满足一定最低限度的道德要求是事实上所必要的。经验论据就只能够导出这一点，而不能导出更多。要由此过渡到一个法概念，还必须加入一个分析性论据：基于概念的理由只有长久有效的体系才是法律体系。相对的，加入规范性论据的例子像是，将“仅当法律具有特定内容才能达到特定的目标，例如生存”这个经验命题联结于“这个目标应该被达成”这个规范性前提，以此作为支持某种法律定义的论据。

⑲规范上的必然性要严格地与概念上的必然性相区分。某件事情是规范上必然的，就等于说它是被要求的。对于一个要求的效力可以予以否定而不会自我矛盾，但对于概念必然性的存在则无法如此。因此规范上的必然性显然只是一种广义的必然性。

⑳不列举许多持此种观点者，只参见：Ott 1976:140 ff.。

㉑Hoerster 1986:2481.

㉒见：Alexy 1990:11 ff.。

㉓对此参见：H.Kantorowicz o.J.:32 ff.。

㉔对此参见：R.Dreier 1987:374 f.。

㉕关于法律体系作为程序体系参见：Alexy 1981:185 ff.。富勒区分“投入到法律创制活动中的有目的的努力，以及经由这种努力而实际出现的法律”(Fuller 1969:193)，可能近似于此处对于规范与程序之间的区分。（本段译文引自富勒：《法律的道德性》，郑戈译，五南出版社2010年版，259页。——译者）

㉖Hoerster 1986:2481.

㉗Hart 1961:86 f.

㉘见:MacCormick 1978:275 ff.。

㉙见:Dreier 1991:99。又称之为暴政论据、恶法(lex corrupta)论据、邪恶论据、极权论据。

㉚Radbruch 1973c:345.

㉛BVerfGE 23,98(106).

㉜见:BVerfGE 3,58(119);3,225(233);6,132(198);6,309(332);6,389(414 f.);54,53 (67 f.);BGHZ 3,94(107);23,175(181);BGHSt 2,173(177);2,234(238 f.);3,357(362 f.)。

㉝意义的改变也适用于概念上必然的或分析性为真的。关于什么是概念上必然或分析性为真者取决于使用的论点,见:Hamlyn 1967:108。

㉞Hoerster 1987:187.

㉟然而,不能同意的是这个推而广之的命题:凡是从"完全外在描述观点"来看成立的,也适用于所有其他观点(Hoerster 1987:187 f.)。不同的观点可以对应于不同的法概念,以下将指出它们也应该对应于不同的法概念。

㊱对此参见:Hart 1971:46.。

㊲Fuller 1969:46 ff.

㊳Höffe 1987:159,170.

㊴Ebd.169 ff.

㊵当凯尔森将"最低限度的集体安全"称为"相对长久实效的条件"(Kelsen 1960:49f.)而不是法概念的必然道德要素时,他所针对的就是事实上的关联。

㊶连凯尔森也不会将此称为"一帮强盗",由于在暴徒之间没有禁止使用暴力的规定,因此他们不是一个共同体,所以也称不上是"帮派"(Kelsen 1960:48)。

㊷匪帮体系是运用奥古斯丁(Augustinus)的强盗集团论据以否认其法律性质的例子。见:Augustinus 1979:222:"去除正义,那国家不就是大型的匪帮吗?匪帮本身不就是个小型的国家吗?"

㊸这个命题构成了理性重构拉德布鲁赫下面这句略显模糊的话之起点:"法

律是具有促进法价值与法理念之意义的现实”(Radbruch 1973a:119)。

㊹关于类似的论点可见:MacCormick 1986:141。

㊺就此而言,这和奥斯丁(J.L.Austin)著名的例子“这只猫在垫子上,但我不相信它在垫子上”(“The cat is on the mat but I do not believe it is”)(J.L. Austin 1962:48 ff.;J.L.Austin 1970:63 ff.)有一定的类似性。

㊻诺伊曼(Neumann 1986:68 f.)有不同的看法。他指出下面的例子:“以人民之名,判处 N 先生十年有期徒刑,虽然并没有良好的理由作出这个判决。”

㊼见本书 21 页以下。

㊽Hoerster 1987:187; Hoerster 1990:27.

㊾见本书 31—32 页。

㊿Hart 1971:45 f.;类似观点见:Hoerster 1987:187 f.;Hoerster 1986:2481 f.。

51见:Ott 1988:343。

52Ebd.349 f.

53Hart 1971:44.

54Hoerster 1987:187.

55Hart 1971:46.

56Radbruch 1973a:174 ff.

57Radbruch 1973b:327.

58Radbruch 1973c:347.

59见:Hart 1971:42; Hart 1961:205。

60Hoerster 1987:185.

61Ebd.186.

62 Kelsen 1960:71; Hoerster 1990:32,也同意之;另参见:H. Dreier 1991:133。

63Kelsen 1960:71.

64Hoerster 1990:32.

65Radbruch 1973c:345.

66BVerfGE 23,98(106).

(67)见：Alexy：1991b。

(68)对此参见：Ott 1991：519 ff.。

(69)见：Ott 1988：346。

(70)Ebd.347.

(71)BVerfGE 23,98(106).

(72)Radbruch 1973c：344 f.

(73)关于绝对原则的概念见：Alexy 1985：94 ff.。

(74)Hoerster 1986：2482.

(75)Radbruch 1973a：175.

(76)Radbruch 1973b：328.

(77)对此参见：Alexy 1991a：53 ff.；Alexy 1991b。

(78)参见：如，Maus 1989：193："道德论据被轻易地误用为民主的替代品。"

(79)见：Hart 1971：44。

(80)OLG Bamberg，in：Süddeutsche Juristen-Zeitung 1950，Sp.207.

(81)Ebd.Sp.208 f.

(82)有可能特别要去问的是，"这个告发行为违背了'所有正直之人的公平感与正义感'到了这样的程度，以至于它是违法的且因此是可罚的"这个命题，是否并不蕴含由告发所作出的死刑判决在内容上是不正义的。如果这个判决没有任何不正义，这个告发行为是否还可能违背"所有正直之人的公平感与正义感"，以至于它是违法的，因而是可罚的？如果对这个问题的答案是否定的，那么关键的问题就在于：告发行为的可罚性是否就预设了这个判决具有某种程度的不正义，或者告发行为要求判决具有极端，从而是明显不正义的特性。

(83)Hart 1961：234 f.

(84)Hart 1971：44.

(85)Ebd.

(86)Ott 1988：355，正确地指出这一点。

(87)见本书34—36页。

(88)Kriele 1979：117.

(89)Ebd.125.

(90)Ebd.125 f.

(91)具有特征意义的是，联邦宪法法院在条约案判决(Konkordatsurteil)中并未提及此处所讨论的问题，而是自限于相反的问题，即所有立基于1933年3月24日授权法(Ermächtigungsgesetz)的规范是否必然被视为有效的法律，联邦宪法法院的答案是否定的："承认新的权限秩序并没有表示在其基础之上所颁布的制定法与命令是否就可被认为是有效的法律。这取决于这些制定法与命令的内容。如果它们违背法律的本质与可能内容，那就不能被视为是有效的法律。"[BVerfGE 6,309 (331 f.)]

(92)相反的，整体体系的特性在另一方面具有重要性，即国际法上对于国家与政权的承认。在此涉及的是实效原则与正当性原则之间的冲突，在承认的理论与实务中占优势的是前者(参见：如，Ipsen 1990:237)。

(93)Hart 1961:124.

(94)见：Alexy 1991a:17 f.。

(95)参见：如，Kelsen 1960:350 f.。

(96)J. Austin 1885:664.

(97)在这个意义下亦参见：Bydlinski 1982:289 ff.。他将其论据称为"方法论的论据"；以及德沃金将法律理解为诠释性实践的看法："法律是一个诠释性的概念"(Dworkin 1986:87,410，对此参见：Bittner 1988:20 ff.; Strolz 1991:98 ff.)。

(98)BVerfGE 34,269(287).

(99)对此参见：Dworkin 1984:54 ff.; Alexy 1985:71 ff.; Sieckmann 1990:52 ff.。

(100)Hoerster 1987:186; Hoerster 1986:2481.

(101)Hoerster 1987:186.

(102)根特(Klaus Günther)认为规则与原则的区分不应被理解为两种规范的区分，而只是两种适用规范方式的区分(Günther 1988:272 ff.)。对此要提出的反驳是：一个既在规范的层面也在适用的层面去刻画这个区分的模式，是更为丰富的。这个模式可以说明，为什么会出现特定的适用方式。除此之外，规则与原则的区分是不能被放弃的，因为只有借助这个区分才能够适当地重构一些概念，例如权利限制的概念(见：Alexy 1985:

249 ff.)。

⑩③见本书 39—40 页。

⑩④见:Hart 1961:199:"每个现代国家的法律在在都显示了被接受的社会道德与更广泛的道德理想之影响。"

⑩⑤R.Dreier 1986:30 f.

⑩⑥参见:如,Stuckart/Globke 1936:7:"有责任的国家领导人要去检验对其托付信赖的人民之种族成分如何,并且要去安排措施,至少使得最佳的种族价值不再继续沦丧并且尽可能地增强民族核心。"以及 13:"由种族思想必定得出领袖思想。种族国家必然是一个领袖国家。"

⑩⑦见:Alexy 1991a:233 ff.。

⑩⑧Stuckart/Globke 1936:10.

⑩⑨见:Kant 1781/1787:A 644/B 672:"但与此相反,它们有一种极好的、必要而不可或缺的规制性运用,就是使知性对准某个目标,由于对这目标的展望,一切知性规则的路线都汇集于一点。"[本段译文来自康德:《纯粹理性批判》,邓晓芒译,杨祖陶校订,联经出版社 2004 年版,589—599 页。"规则性"(regulativ)一词原译为"调节性"。——译者]

第三章　法律的效力

①参见:如,Rottleuthner 1981:91 ff.;Röhl 1987:243 ff.。

②见:Rottleuthner 1987:54 ff.。

③对此参见本书 15—16 页。

④Kelsen 1960:219.

⑤Hoerster 1987:184.

⑥见本书 21 页以下。

⑦见本书 68 页以下。

⑧见本书 13 页。

⑨见本书 95—96 页。

⑩R.Dreier 1981a:198.

⑪见本书 91—92 页。

⑫Kelsen 1960:8.

⑬关于个体规范的概念见:Alexy 1985:73。

⑭此处之命题编号未按顺序的原因在以下构筑基本规范的三段论时就可清楚看出。

⑮见:Kelsen 1960:196。

⑯要强调的是,这里所说的是逻辑的可演绎性。"推导"这个词经常被用来——虽然是不正确的用法——表述某件事是另一件事的良好理由。经验命题当然可以是规范命题的良好理由,但这始终要预设某个规范性的前提来使得经验命题成为良好理由。

⑰从实然无法导出应然这个命题可以追溯至休谟(Hume),它因此也被称为"休谟法则",见:Hume 1888:469:"我一向注意到,作者在一个时期中是照平常的推理方式进行的,确定了上帝的存在,或是对人事作了一番议论;可是突然之间,我却大吃一惊地发现,我所遇到的不再是命题中通常的'是'与'不是'等联系词,而是没有一个命题不是由一个'应该'或一个'不应该'联系起来的。这个变化虽是不知不觉的,却是有极其重大的关系的。因为这个'应该'或'不应该'既然表示一种新的关系或肯定,所以就必须加以论述和说明,同时对于这种似乎完全不可思议的事情,即这个新关系如何能由完全不同的另外一些关系推出来的,也应当举出理由加以说明。"(译按:本段译文来自休谟:《人性论》下册,关文远译,郑之骧校,商务印书馆1994年版,509—510页。)阐述由实然——应然问题所产生的逻辑问题见:Stuhlmann-Laeisz 1983。

⑱见:Kelsen 1960:219。凯尔森的基本规范三段论和这里所表述的有四点不同,其中三点是不重要的,有一点则是重要的。不重要的是,凯尔森将基本规范表述为定言形式的:"应该遵守事实上被制定且具有社会实效的宪法。"这句话可以改写为上述的假言形式①——即"如果……那么……"的语句——而不会改变其内容。另一个不重要之处是,在凯尔森的表述中,结论③所指涉的不只是宪法,而是整体法秩序;凯尔森因此就多推进了一步,本文虽然没推到这一步,但也可以毫无困难地做到这一点。最后一个不重要之处是,凯尔森在①和③不是使用"所要求的"(ist geboten),而是使用"应该"(man soll)这个表述。相较之下,重要的一点是,凯尔森只说"应该……",而本文所说的是:某件事是"法律所要求的"。接下来还会再

谈到这一点。

⑲Hart 1961:246.

⑳Ross 1968:156.

㉑Hart 1961:107.

㉒Dworkin 1984:81 ff,111 ff.

㉓见本书 75 页以下。

㉔对此参见本书 41 页以下。

㉕见:Alexy 1991a:273 ff.。

㉖Ebd.305.

㉗Kelsen 1960:204.

㉘Ebd.201.

㉙见本书 41 页以下。

㉚见:Aarnio/Alexy/Peczenik 1983:19 ff.;Peczenik 1983:23。

㉛Kelsen 1960:219.

㉜Ebd.203.

㉝Ebd.197.

㉞Ebd.201 f.

㉟Ebd.223 ff.

㊱Kelsen 1964a:119 f.

㊲Kelsen 1960:204.

㊳见:Kant 1903:373:"'先验的'(transcendental)一词……并非意味某个超出一切经验的东西,而是意味虽然先于经验[先天的(a priori)],但却只是旨在使经验知识成为可能的东西。"(本段译文来自康德:《一切能作为学问而出现的未来形上学之序论》,李明辉译,联经出版社 2008 年版,163 页。——译者)

㊴Kelsen 1960:218,224,443.

㊵即使对于法社会学家而言,将法律解释为单纯事实的体系也不是适当的做法,见:Rottleuthner 1981:31 ff.,91 ff.。

㊶见:R.Dreier 1979:95。

㊷Kelsen 1960:224.

㊸见:Paulson 1990:173 ff.。

㊹Kant 1781/1787:A 24/B 38:"空间是一个作为一切外部直观之基础的必然的先天表象";A 31/B 46:"时间是为一切直观奠定基础的一个必然的表象"。(本段译文来自康德:《纯粹理性批判》,邓晓芒译,杨祖陶校订,联经出版社 2004 年版,34、41 页。——译者)

㊺Kelsen 1960:206 f.

㊻Ebd.206.

㊼Kelsen 1964a:119:"我曾将我整个基本规范的学说呈现为一条规范,它不是意志行为的意义,而是在思想中所预设的规范。现在我不得不向阁下们承认,我不再主张这个学说,我必须放弃它。"

㊽Kelsen 1964b:74.

㊾Ebd.70.

㊿Kelsen 1979:207.

51Ebd.206.

52语意学的规范概念构成了这个主张的基础。对此参照:Alexy 1985:42 ff.。

53Kelsen 1960:204.

54Ebd.208.

55Ebd.205.

56Kelsen 1964b:66;Kelsen 1960:197.

57Kelsen 1960:197.

58Ebd.209.

59Kant 1907a:224.

60Ebd.

61Ebd.237.

62见:R.Dreier 1981c:286 ff.。

63Kant 1907a:312.

64Ebd.319.

65Ebd.320.

66Kant 1907b:24 f.

(67)见:R.Dreier 1985:302 ff.,以及其他文献。

(68)Kant 1907a:229 f.

(69)见:R.Dreier 1986:10。

(70)Kant 1912:297,304.

(71)Kant 1907a:237.

(72)见本书 41 页以下。

(73)见:R.Dreier 1979:93。

(74)Hart 1961:245.

(75)Ebd.

(76)Ebd.97.

(77)Ebd.102.

(78)Ebd.104.

(79)Ebd.103 f.

(80)Ebd.245.

(81)Ebd.107.

(82)Ebd.105 f.

(83)Ebd.98.

(84)见:R.Dreier 1981b:223。

第四章　定义

①见本书 25—26 页。

②见本书 23—24 页。

③见本书 36 页以下。

④见本书 34—36 页。

⑤见本书 26 页。

⑥见本书 26 页。

⑦见本书 36—37 页。

⑧见本书 93 页以下。

⑨见本书 89 页以下。

⑩见本书 94—95 页。

⑪见本书 41 页以下。

⑫见本书 68 页以下。

⑬见本书 97 页。

⑭见本书 95—96 页。

⑮见本书 41 页以下;95—96 页。

⑯见本书 24—25 页。

⑰见本书 75 页以下。

文献索引

Aarnio, Aulis, *Alexy*, Robert und *Peczenik*, Aleksander 1983: Grundlagen der juristischen Argumentation, in: Werner Krawietz und Robert Alexy (Hg.): Metatheorie juristischer Argumentation, Berlin, 9 – 87

Alexy, Robert 1981: Die Idee einer prozeduralen Theorie der juristischen Argumentation, in: Rechtstheorie, Beiheft 2, 177 – 188

—1985: Theorie der Grundrechte, Baden-Baden (Neudruck: Frankfurt a.M.1986)

—1990: Zur Kritik des Rechtspositivismus, in: Archiv für Rechts-und Sozialphilosophie, Beiheft 37, 9 – 26

—1991a: Theorie der juristischen Argumentation (1978), 2.Aufl.Frankfurt a.M.

—1991b: Eine diskurstheoretische Konzeption der praktischen Vernunft, Vortrag auf dem 15. Weltkongreß für Rechts-und Sozialphilosophie, Göttingen 1991 (erscheint in den Akten des Kongresses)

Augustinus, Aurelius 1979: De civitate dei/Der Gottesstaat, hg.und übers. von Carl Johann Perl, 2 Bde., Paderborn, München, Wien und Zürich

Austin, John 1885: Lectures on Jurisprudence or the Philosophy of Positive Law (1861), 2 Bde., 5.Aufl.London

Austin, John Langshaw 1962: How to Do Things with Words, London, Oxford und New York

—1970: The Meaning of a Word, in: ders.: Philosophical Papers, 2.Aufl. London, Oxford und New York, 55 – 75

Bierling, Ernst Rudolf 1894: Juristische Prinzipienlehre, Bd.1, Freiburg i.

Br.und Leipzig

Bittner,Claudia 1988:Recht als interpretative Praxis,Berlin

Bydlinski,Franz 1982:Juristische Methodenlehre und Rechtsbegriff,Wien und New York

Dreier,Horst 1991:Die Radbruchsche Formel-Erkenntnis oder Bekenntnis?,in:Festschrift für Robert Walter,hg.von Heinz Mayer u.a.,Wien, 117－135

Dreier,Ralf 1979:Bemerkungen zur Rechtserkenntnistheorie,in:Rechtstheorie,Beiheft 2,89－105

—1981a:Recht und Moral,in:dres.:Recht-Moral-Ideologie,Frankfurt a.M.,180－216

—1981b:Sein und Sollen,in:ders.:Recht-Moral-Ideologie,Frankfurt a.M.,217－240

—1981c:Zur Einheit der praktischen Philosophie Kants,in:ders.:Recht-Moral- Ideologie.Frankfurt a.M.,286－315

—1985:Rechtsgehorsam und Widerstandsrecht,in:Festschrift für Rudolf Wassermann,hg.von Christian Broda u.a.,Neuwied und Darmstadt,299－316

—1986:Rechtsbegriff und Rechtsidee,Frankfurt a.M.

—1987:Neues Naturrecht oder Rechtspositivismus?,in:Rechtstheorie 18, 368－385

—1991:Der Begriff des Rechts,in:ders.:Recht-Staat-Vernunft,Frankfurt a.M.,95－119

Dworkin,Ronald 1984:Bürgerrechte ernstgenommen,Frankfurt a.M.

—1986:Law's Empire,Cambridge,Mass.und London

Fuller,Lon L.1969:The Morality of Law,rev.ed.New Haven und London

Geiger,Theodor 1987:Vorstudien zu einer Soziologie des Rechts,4.Aufl. Berlin

Günther,Klaus 1988:Der Sinn für Angemessenheit,Frankfurt a.M.

Hamlyn,D.W.1967:Analytic and Synthetic Statements,in:The Encyclope-

dia of Philosophy, hg.von Paul Edwards, Bd.1, New York und London, 105－109

Hart, H.L.A.1961: The Concept of Law, Oxford

—1971: Der Positivismus und die Trennung von Recht und Moral, in: ders.: Recht und Moral, Göttingen, 14－57

Hoerster, Norbert 1986: Zur Verteidigung des Rechtspositivismus, in: Neue Juristische Wochenschrift, 2480－2482

—1987: Die rechtsphilosophische Lehre vom Rechtsbegriff, in: Juristische Schulung, 181－188

—1990: Zur Verteidigung der rechtspositivistischen Trennungsthese, in: Archiv für Rechts-und Sozialphilosophie, Beiheft 37, 27－32

Höffe, Otfried 1987: Politische Gerechtigkeit, Frankfurt a.M.

Holmes, Oliver Wendell 1897: The Path of the Law, in: Harvard Law Review 10, 457－478

Hume, David 1888: A Treatise of Human Nature, hg.von L.A.Selby-Bigge, Oxford(Neudruck: Oxford 1951)

Ipsen, Knut 1990: Völkerrecht, München

Kant, Immanuel 1781/1787: Kritik der reinen Vernunft, 1./2.Aufl.Riga(zitiert: A/B)

—1903: Prolegomena, in: Kant's gesammelte Schriften, hg. von der Königlich Preußischen Akademie der Wissenschaften, Bd.IV, Berlin, 253－383

—1907a: Metaphysik der Sitten, in: Kant's gesammelte Schriften, hg.von der Königlich Preußischen Akademie der Wissenschaften, Bd.VI, 203－494

—1907b: Der Streit der Fakultäten, in: Kant's gesammelte Schriften, hg. von der Königlich Preußischen Akademie der Wissenschaften, Bd.VII, 1－116

—1912: Über den Gemeinspruch: Das mag in der Theorie richtig sein, taugt aber nicht für die Praxis, in: Kant's gesammelte Schriften, hg.von der Königlich Preußischen Akademie der Wissenschaften, Bd. VIII, 273 – 313

Kantorowicz, Hermann o.J.: Der Begriff des Rechts, Göttingen

Kelsen, Hans 1960: Reine Rechtslehre, 2.Aufl.Wien

—1964a: Diskussionsbeitrag, in: Österreichische Zeitschrift für öffentliches Recht N.F.13, 119 – 120

—1964b: Die Funktion der Verfassung, in: Verhandlungen des Zweiten Österreichischen Juristentages Wien 1964, Bd. II, 7. Teil, Wien O.J., 65 – 76

—1979: Allgemeine Theorie der Normen, Wien

Koch, Hans-Joachim und *Rüßmann*, Helmut 1982: Juristische Begründungslehre, München

Kriele, Martin 1979: Recht und praktische Vernunft, Göttingen

Loos, Fritz 1970: Zur Wert- und Rechtslehre Max Webers, Tübingen

Luhmann, Niklas 1972: Rechtssoziologie, 2 Bde., Reinbek

MacCormick, Neil 1978: Legal Reasoning and Legal Theory, Oxford

—1986: Law, Morality and Positivism, in: Neil MacCormick und Ota Weinberger: An Institutional Theory of Law, Dordrecht, Boston, Lancaster und Tokyo, 127 – 144

Maus, Ingeborg 1989: Die Trennung von Recht und Moral als Begrenzung des Rechts, in: Rechtstheorie 20, 191 – 210

Müller, Friedrich 1986: 'Richterrecht', Berlin

Neumann, Ulfrid 1986: Juristische Argumentationslehre, Darmstadt

Ott, Walter 1976: Der Rechtspositivismus, Berlin

—1988: Die Radbruch'sche Formel. Pro und Contra, in: Zeitschrift für Schweizerisches Recht N.F.107, 335 – 357

—1991: Der Euthanasie-Befehl Hitlers vom 1.September 1939 im Lichte der rechtspositivistischen Theorien, in: Festschrift für Robert Walter, hg.von Heinz Mayer u.a., Wien, 519 – 533

Paulson, Stanley L.1990: Läßt sich die Reine Rechtslehre transzendental

begründen?, in: Rechtstheorie 21, 155 – 179

Peczenik, Aleksander 1983: Grundlagen der juristischen Argumentation, Wien und New York

Radbruch, Gustav 1973a: Rechtsphilosophie, 8. Aufl. Stuttgart

—1973b: Fünf Minuten Rechtsphilosophie(1945), in: ders.: Rechtsphilosophie, 8. Aufl. Stuttgart, 327 – 329

—1973c: Gesetzliches Unrecht und übergesetzliches Recht (1946), in: ders.: Rechtsphilosophie, 8. Aufl. Stuttgart, 339 – 350

Röhl, Klaus F. 1987: Rechtssoziologie, Köln, Berlin, Bonn und München

Ross, Alf 1958: On Law and Justice, Berkeley und Los Angeles

—1968: Directives and Norms, London und New York

Rottleuthner, Hubert 1981: Rechtstheorie und Rechtssoziologie, Freiburg/München

—1987: Einführung in die Rechtssoziologie, Darmstadt

Sieckmann, Jan-Reinard 1990: Regelmodelle und Prinzipienmodelle des Rechtssystems, Baden-Baden

Strolz, Marc Maria 1991: Ronald Dworkins These der Rechte im Vergleich zur gesetzgeberischen Methode nach Art.1 Abs.2 und 3 ZGB, Zürich

Stuckart, Wilhelm und *Globke*. Hans 1936: Kommentare zur deutschen Rassengesetzgebung, Bd.1, München und Berlin

Stuhlmann-Laeisz, Rainer 1983: Das Sein-Sollen-Problem, Stuttgart-Bad Cannstatt

Summers, Robert S. 1982: Instrumentalism and American Legal Theory, Ithaca und London

Weber, Max 1976: Wirtschaft und Gesellschaft(1921), 5. Aufl. Tübingen

Xenophon 1917: Memorabilien, übers. von A. Leising, 5. Aufl. Berlin

阿列克西《法概念与法效力》导读*

王鹏翔

前　　言

罗伯特·阿列克西(Robert Alexy)生于1945年,是德国当今最具国际声望的法理学与宪法学者。阿列克西现为德国基尔大学法学院退休教授,他的代表作《法律论证理论》(*Theorie der juristischen Argumentation*, 1978 Suhrkamp Verlag)、《基本权理论》(*Theorie der Grundrechte*, 1986 Suhrkamp Verlag)、《法概念与法效力》(*Begriff und Geltung des Rechts*, 1992 Verlag Karl Alber)等,皆已被译为多种语言,并在国际学界引起热烈讨论。

《法概念与法效力》(以下简称"本书")的主题是法实证主义与反法实证主义之间关于法概念与法效力的争议。阿列克西的目标在于反驳法实证主义的核心主张,即"分离命题"(Trennungsthese):法律与道德之间没有概念上的必然联结。阿列克西则试

---

* 本文原载于《台湾法学》183期,143—153页(2011年9月)。文字配合中译本作了略微修改。

图证成“联结命题”(Verbindungsthese):法律与道德之间具有概念上与规范性的必然联结。阿列克西在本书前半提出了“正确性论证”(Richtigkeitsargument)、“原则论证”(Prinzpienargument)与“不正义论证”(Unrechtsargument)来证成其联结命题,在本书后半处理法效力与基本规范(Grundnorm)的问题,最后对“法律”提出了一个整合性的、非实证主义的定义。本导读将聚焦在本书的关键部分,即前述的三个主要论证。

法概念与分离命题

一、法概念的要素与分离命题的表述

阿列克西认为,“权威的制定性”“社会的实效性”“内容的正确性”是法概念的三要素,它们分别对应了三种效力的概念:法学的效力概念(或称“狭义的法效力”)、社会学的效力概念、伦理学的效力概念。当我们要判断一条规范是不是法律或者是否具有法效力时,“权威的制定性”关切的是它是否为某个有权机关按照一定程序所制定,即规范的形式来源问题;“社会的实效性”则以规范实际上是否被遵守,违反时是否会施加制裁作为判断标准;“内容的正确性”涉及了规范是否在道德上可被正当化,即规范的实质内容是否合乎正义的问题(13—20, 89—92)[①]。

阿列克西早期将法实证主义之争看作是一个关于“法律”这个

① 正文括号内的数字为本书的页码。

概念如何定义的问题。他认为,法实证主义的法概念只包含权威的制定性或社会的实效性这两个事实性的要素,在本书中他将分离命题表述为:“法律的概念要以不包含道德要素的方式来定义”;而将其所主张的联结命题表述为:“法概念的定义除了事实性的要素外,还必须包含道德要素”(5—6)。然而,许多法实证主义的代表者,如哈特(H. L. A. Hart)、拉兹(Joseph Raz)、马默(Andrei Marmor)认为,分离命题不是关于法律的概念如何定义的主张,而是主张:在判断一条规范是否具有法效力或法律命题是否为真(或正确)时不必然涉及道德评价[①]。阿列克西近来因而将分离命题的表述修正为:

> (ST)法律的效力或法律的正确性和道德评价或道德正确性之间没有必然联结。

并将联结命题表述为:

> (CT)法律的效力或法律的正确性和道德评价与道德正确性之间具有必然联结[②]。

阿列克西的理论目标是反驳 ST 并证成 CT。

---

① 参见:如,Raz, The Argument from Injustice, or How Not to Reply to Legal Positivism, in G. Pavlakos (ed.), *Law, Rights and Discourse: The Legal Philosophy of Robert Alexy*, Oxford, 22 (2007).

② Alexy, *On The Concept and Nature of Law*, Ratio Juris 21, 285 (2008).

二、法实证主义之争的实践意涵

阿列克西在本书中曾举了两个德国联邦宪法法院的判决来说明[①],法实证主义之争不只是个理论问题,还具有实践意涵(6—12)。在此我借用另外两个例子来说明。

第一个例子是德国的“围墙射杀案”。1984 年 12 月有两名守卫柏林围墙的前东德士兵开枪射杀了一位企图使用梯子翻越围墙逃往西柏林的青年。两德统一后,该两名士兵以触犯前东德刑法的杀人罪被起诉。问题是,他们是否得主张其射杀行为系依前东德边界法等相关规定(依该法 § 27 Ⅱ 第 1 句,边界士兵得使用枪械以阻止犯罪之实施,依前东德刑法规定及司法实务,“非法越境”属于重大犯罪)而阻却违法?法实证主义者的答案会是肯定的,因为只要系争的规定在当时是由权威制定且具有社会实效,即为有效的法律规范,但某些反法实证主义者(例如阿列克西本人)的答案是否定的,他们认为,由于系争的规定太过不正义,因而不能被视为是法律。

第二个例子是台湾的“大法官释字第 362 号解释”。本号解释的争点在于,当善意无过失之第三人信赖前婚姻关系已因确定判决而消灭,而与前婚姻之一方相婚,嗣后该判决又经法定程序(如再审)而变更时,导致后婚姻成为重婚时,是否仍应适用修正前“民法”第 988 条第 2 款之规定,认为该后婚姻为无效?本案中“最高

① 这两个判决分别是关于纳粹德国剥夺犹太裔公民德国国籍的法令是否为有效法律(BVerfGE 23, 98),以及德国联邦最高法院是否得透过违反制定法的法律续造(contra-legem Rechtsfortbilding)来放宽请求慰抚金的限制(BVerfGE 34, 269)。

法院”的答案是肯定的，但大法官在衡量结婚自由、信赖保护、一夫一妻制等原则之后，认为应限缩系争“民法”规定之适用，后婚姻之效力仍应予以维持。然而，大法官所援引的原则，都不是由某个权威机关所制定的，它们是具有法效力的规范吗？它们对于法官具有拘束力吗？有些法实证主义者或许会认为，这些原则并不是法律，因此，“最高法院”没有考虑到这些原则所作出的判决，仍然是依“法”审判的结果，这样的判决或许不尽合理，但没有法律上的瑕疵。但有些反法实证主义者则会认为，这些原则虽然不具有权威制定的特性，但仍是法律的一部分，它们对于法官具有拘束力，没有衡量这些原则所作出的判决具有法律上的瑕疵。

从上面这两个例子可以看出，当事人的命运取决于法官的法理学立场：采取法实证主义还是非法实证主义，可能导致完全相反的判决结果。这印证了德沃金（Ronald Dworkin）的名言：“法理学是裁判的总论，任何法律决定的沉默序言[①]。”

主要论证的重整与分析

回到本书的论点。阿列克西证成 CT 的论证可以重整如下：

（1）法律——不论是个别的法律规范、司法判决或整个法律体系——必然会提出正确性宣称（Anspruch auf Richtigkeit）。

① Dworkin，*Law's Empire*，Cambridge Mass.，90（1986）.

(2) 为了实现正确性宣称,必然要适用道德原则以证成法律的正确性。

(3) 当正确性宣称未能获得实现时(例如极端不正义的实证法),可能导致法效力或法律性质的丧失。

因此,(4)法效力或法律的正确性必然和道德正确性有所联结。(CT)

阿列克西分别用正确性论证、原则论证与不正义论证来辩护(1)、(2)、(3)这三个前提。

一、正确性论证

阿列克西的正确性论证可分为两个层次。首先,他区分"参与者观点"与"观察者观点"。所谓"参与",指的是处于某个法律体系中,对于"什么是法律所要求、禁止或允许的"问题进行论辩,并试图提出理由来证成自己主张的正确性。法律规范或法律命题的正确与否,是参与者所关切的问题。阿列克西认为,法官是典型的参与者。相反的,观察者所关注的是某个法律体系实际上作出了什么决定,以及如何作出此种决定,但他并不关切法律决定的正确与否(25—26)。因此,严格说来,"法律必然会提出正确性宣称"的意思是:法律体系的参与者必然会宣称其所主张的法律命题或所作出的法律决定是正确的。

其次,阿列克西证成"法律必然会提出正确性宣称"的方式是指出,立法者制定法律或法官作出判决都是一种语言行动,"提出正确性宣称"是此种语言行动的构成性规则,如果立法者或法官不宣称其所制定的法律或作出的判决是正确的，甚至自我否定其正确性，就会陷入所谓"以言行事的矛盾"(performativer Widerspruch)。

阿列克西要我们考虑下面两个例子。第一个例子是，X 国的制宪者制定了这样一条宪法条文："X 是一个主权独立、不正义的联邦共和国。"另外一个例子是，有某个法官作出这样的判决："被告应处以无期徒刑，但本判决是错误的，因为它是根据对于有效法规范的错误解释所作出的。"这两个例子看来都相当荒谬，其悖谬之处有如一个人说："这只猫在垫子上，但我不相信这件事。"当一个人断定 p 这个命题(例如，断定"这只猫在垫子上")，就隐含了他相信 p 为真；如果他断定 p，但其陈述的内容却又表示自己不相信 p，就抵触了"断定"这个语言行动的预设，即说话者必须相信他所断定的命题为真，从而他就无法成功地进行"断定"这个语言行动，这就是"以言行事的矛盾"。

阿列克西认为，同样的，制定法律或作出判决这种语言行动，都必然隐含或预设了说话者宣称自己所制定的规范或所主张的法律命题是正确的(至于这个宣称是否实现了，亦即其所制定的规范或所主张的命题实际上是否正确，那是另外一回事)，如果说话者在其表述的规范或命题内容中否定了正确性宣称，他就陷入以言行事的矛盾，而无法成功地进行他所要做的语言行动。阿列克西认为，由此可以证成"法律(严格说，是法律实践的参与者)必然会提出正确性宣称"(36—41)。

姑且不论阿列克西的正确性论证所引发的诸多问题，由"法律必然提出正确性宣称"仍然无法直接导出 CT。法实证主义者可以提出两种反驳：首先，法律的正确性宣称未必具有道德意涵，因此法律的正确性和道德正确性并不具有必然的关联；其次，即便法律必然提出正确性宣称，但正确性宣称未能实现，并不会导致法律性质的丧失，例如极端不正义的纳粹种族主义法令，虽然具有某种（道德）瑕疵，但此种瑕疵并不会影响其法效力。换言之，正确性论证顶多只能建立法律与道德之间具有某种品质式的联结，但非区分式的联结。法实证主义者仍然可以主张，一条规范是否具有法效力，与其内容在道德上正确与否无关。针对这两个反驳，阿列克西分别提出原则论证与不正义论证来回应。

二、原则论证

阿列克西的原则论证的规范理论基础是“规则”（Regeln）与“原则”（Prinzipien）在结构上的区分①。不过，规则和原则在规范结构上的区分，对于法律与道德之间是否具有必然联结的问题并无直接的相关性。为了证成CT，阿列克西的原则论证诉诸下面三个子命题（77—92）：

（一）安置命题：每个最低限度发展的法律体系必然会包含原则。

（二）道德命题：法律体系所包含的原则必然具有某种道

① 阿列克西认为原则是一种最佳化命令（Optimierungsgebote），其适用方式是衡量，规则则是确定性的命令（definitive Gebote），其适用方式是涵摄（76）。对于规则和原则的区分另参见：Alexy, *A Theory of Constitutional Rights*, Oxford, 44－69 (2002)。

德关联性。

（三）正确性命题：法律体系必然包含道德原则使得法律和正确的道德之间具有必然联结。

原则论证的出发点在于，实证法必然具有哈特所称的“开放结构”（open texture）。对于处在开放结构的困难案件，法官无法援引实证法规定作为判决理由，此时法官有两种可能的解决方式：第一种可能是不附任何理由作出判决。阿列克西认为这种可能性必须被排除，因为法官判决必然会提出正确性宣称，而正确性宣称蕴含了“可证成性的担保”：法官不能一方面宣称其判决是正确的，另一方面却又不提出任何理由来证成其判决的正确性。因此，在解决困难案件时，法官为了实现正确性宣称，就只有另外一种可能，即援引非属实证法的理由，特别是道德理由，来证成其判决。依阿列克西之见，这些道德理由通常具有原则的形式，因为它们往往彼此冲突，法官必须衡量这些相冲突的理由以作出判决。换言之，为了实现正确性宣称，法官必须衡量道德原则以解决困难案件。再按照正确性命题，作为判决理由的原则，其内容必须在道德上是正确的，并且衡量时也必须进行正确的道德论证，才能保证判决的正确性。由此阿列克西得出，司法判决的法律正确性宣称必然包含了道德正确性的宣称。

然而，法实证主义可能会如此反驳：法实证主义者并不否认法官必须衡量道德原则、进行道德论证以解决困难案件，但道德原则只是法律以外的标准，倘若法官没有考虑或者没有正确地适用道德原则，其判决顶多只有道德上的缺陷，但没有法律上的瑕疵，因

此，法律的正确性和道德正确性并没有必然的联结，CT 并未因此获得证成。对此，阿列克西的回应是：道德原则对于法官具有法律上的拘束力，而道德原则之所以具有法律拘束力，是因为道德原则必然被包含成为法律的一部分。这个主张就是“必然安置命题”。

阿列克西指出法律体系安置道德原则的两种方式。第一种方式是“透过实证法的安置”，亦即将道德原则直接转化为实证法规范。典型的例子像是宪法中的基本权规定。但正如阿列克西自己也承认的，实证法是否会安置道德原则，取决于立法者（或制宪者）的决定。依此，道德原则是否会被包含于法律体系之中，只是偶然的事实问题，而不具有必然性。为此，阿列克西提出第二种安置道德原则的方式，这可称之为“透过衡量而安置”。

“透过衡量而安置”的论证包含了两个辅助论据。第一，由于法官必然会宣称其判决在法律上是正确的，相应地，法官就负有法律上的义务去实现其正确性宣称，这意味着，在解决困难案件时，法官负有法律上的义务去适用道德原则以证成其判决的正确性。第二，阿列克西诉诸“程序性法律体系”的理念，他认为，从参与者的观点来看，法律体系是一个制定、适用、解释、证立法律规范的过程，凡是在这个过程中被用来证立法律规范或决定的理由，都属于程序的一部分，因而也就属于法律体系的一部分。按照这个看法，既然法官（特别是在困难案件中）必然要诉诸道德原则以证成其判决的正确性，那么作为其判决理由的道德原则也就必然被包含成为法律体系的一部分（79—80）。

在我看来，阿列克西的原则论证与必然安置命题有不少值得商榷之处[①]。第一，“透过衡量而安置”并不是一个健全的论证，其前提之一“凡是法官证立其判决时所适用的理由，都属于法律的一部分”是个大有疑问的主张。举例来说，面对某些侵权行为法的案件，法官必须适用算术规则以证成其关于损害赔偿数额的判决的正确性，难道我们会因此就认为“算术规则（如 2+2=4）必然被安置成为法律的一部分”吗？

第二，“透过衡量而安置”的论证可能犯了丐题（begging the question）的谬误。阿列克西原本试图证成的命题是“因为道德原则必然属于法律的一部分，所以对于法官具有拘束力而必须适用之”，但他的论证，简单说，却是“因为法官必须适用道德原则，所以道德原则必然属于法律的一部分”。

第三，阿列克西以开放结构为出发点的原则论证，似乎将道德原则的地位限缩在填补实证法漏洞的补充性作用：只有在困难案件中，道德原则才会因其有助于证成判决的正确性而必须为法官所援引，从而被安置为法律的一部分。这仿佛是说，只有在困难案件中，才会运用“内容的正确性”作为法效力的判准，这样的结论反而颇类似于某些包容法实证主义者（inclusive legal positivists）的主张。

第四，如果阿列克西试图证成的联结命题是“法律（判决）的正确性与道德正确性具有必然关联”的话，那么道德原则是否必然被

① 我对于阿列克西的原则论证与必然安置命题的批评，请参见王鹏翔：“反对安置命题”，《中研院法学期刊》，7 期，2010 年，153—167 页；Peng - Hsiang Wang, *Incorporation by Balancing? Critical Remarks on Alexy's Necessary Incorporation Thesis*, Rechtstheorie 41, 305 - 318 (2010)。

安置为法律的一部分其实是个无关紧要的问题。因为倘若道德原则对于法官的拘束力来自于其实质内容有助于证成判决的正确性，那么不论它们是否被包含成为法律的一部分，法官为了实现其正确性宣称，都还是必须援引道德原则作为判决的理由。换言之，只要法官不适用道德原则就无法作出正确的判决，那么道德原则就必然会对法律的正确性有所影响，安置与否对于联结命题（如果以 CT 的表述方式）的证成并无差异。

三、不正义论证

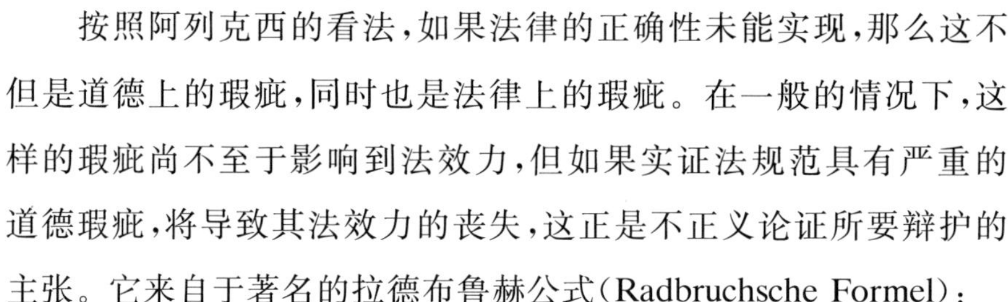

按照阿列克西的看法，如果法律的正确性未能实现，那么这不但是道德上的瑕疵，同时也是法律上的瑕疵。在一般的情况下，这样的瑕疵尚不至于影响到法效力，但如果实证法规范具有严重的道德瑕疵，将导致其法效力的丧失，这正是不正义论证所要辩护的主张。它来自于著名的拉德布鲁赫公式（Radbruchsche Formel）：

> “正义与法安定性的冲突可以用下面的方式解决：由立法和权力所确定的实证法，即便其内容不正义或不合目的，仍然具有优先性，除非实证法的规定和正义之间的冲突达到不可忍受的程度，以致其成为‘不正确的法’而必须向正义让步。”[①]

① Radbruch, Gesetzliches Unrecht und übergesetzliches Recht, in: ders., Rechtsphilosophie: Studienausgabe, Heidelberg, S. 216 (1999).

用阿列克西的话来说，由权威制定且具有社会实效的规范，当其极端不正义时，就会丧失法律性质与法效力，一言以蔽之："极端不正义即非法律"（"Extreme injustice is not law."）。战后德国联邦最高法院与宪法法院曾经运用拉德布鲁赫公式来否定纳粹德国种族主义法令的法律性质；两德统一后，又依此来解决前述的围墙射杀案，认为前东德边界法及相关规定因极端不正义而不具有法效力[①]。阿列克西认为，接受拉德布鲁赫公式（以下简称 RF）与否，是区分法实证主义与非法实证主义的重要标志，但他自己也承认，RF 所涉及的并非单纯概念上的争论，反法实证主义者要证成 RF，主要还是诉诸规范性的论据。阿列克西将反对与支持的 RF 论据总结为下列八个争点（42—68）。

（一）语言。有些法实证主义者认为，将极端不正义的实证法称为"法律"并不违背"法律"这个词的通常使用方式，支持 RF 的非法实证主义者其实引入了带有道德价值判断的法概念。阿列克西则认为，法概念的争论不是单纯的语言问题，而是个实质问题。从参与者的观点来看，如果法官有良好的法律理由不适用极端不正义的实证法规范 N，虽然他所作出的判决抵触 N，但他仍然可以，甚至必须将其判决所表述或适用的规范称为"法律"。如果法官此时仍将他所拒斥的 N 称作是"法律"，显然会产生矛盾，要避免此种矛盾，法官必须认为 N 不是法律。阿列克西指出，法官是

① 阿列克西本人对于围墙射杀案的看法，见：Alexy，Mauerschützen. Zum Verhältnis von Recht，Moral und Strafbarkeit，Hamburg（1993）；Der Beschluß des Bundesverfassungsgerichts zu den Tötungen an der innerdeutschen Grenze vom 24. Oktober 1996，Hamburg（1997）。

否能否认 N 的法律性质，不是取决于语言使用，而是取决于他是否有良好的法律理由，阿列克西认为这样的理由是存在的。

（二）清晰性。法实证主义者如哈特认为，RF 混淆了法概念和守法义务的问题[①]。按照哈特的看法，“法律是什么？”和“我们是不是有服从法律的道德义务？”是两个不同的问题，极端不正义的实证法仍然是有效的法律，只是基于道德理由不应该被服从。阿列克西对此的回应则是，非实证主义的法概念的确较为复杂，但复杂的概念未必不清晰，并且 RF 涉及的不只是道德问题，更涉及了法律问题，即行为人与法官是否有法律上的义务去遵守与适用极端不正义的实证法。

（三）效用。哈特还认为，采取 RF 未必有助于产生反抗恶法的实际作用，也无法改变反抗行为被制定恶法的政权认定为违法行为的事实。反法实证主义者将正义或道德的要素纳入法概念当中，反而可能导致对于既存体制不加批判的正当化，亦即认为如果一个规范是法律规范，那么它就具有道德正当性。阿列克西对此的回应是，虽然不论采取哪一种法概念都无法改变恶法在不义体制下被执行、适用的现实状态，但如果法律实践对于“满足最低限度的正义要求是国家所制定的规范具有法律性质的必要条件”这一点有共识的话，则制定恶法的不义政权将比较不可能稳定地运作，不义政权的官员也比较可能预期到有朝一日所可能面临的追诉与责任风险。

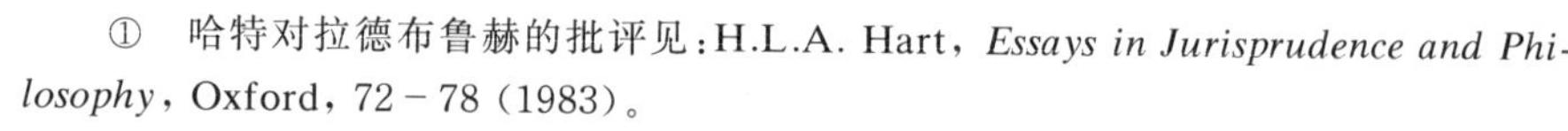

① 哈特对拉德布鲁赫的批评见：H.L.A. Hart, *Essays in Jurisprudence and Philosophy*, Oxford, 72－78 (1983)。

再者，阿列克西认为，RF 既不意味着将法律等同于道德，也非主张只要实证法规范在内容上具有道德瑕疵就会失去法效力。RF 只是设下了一道门槛，即不正义到达了极端程度时，才会导致法效力的丧失（区分式的联结），对于内容不正义，但尚未到达极端程度的实证法规范，虽然仍具有法效力，但可以认为它是有瑕疵的法律规范（品质式的联结），换言之，采取非实证主义的法概念仍然可以对于法律进行道德批评。

（四）法安定性。有些论者认为，RF 有违法安定性，甚至可能导致个人依其自己的正义观来否定法效力的无政府后果（这和下面的相对主义论据相关）。阿列克西则认为，不正义的程度越极端，反而越能够确定地认知；并且，法安定性原则并非绝对，它必须与实质正义原则相衡量，RF 并非不重视法安定性，法安定性原则在一般情况下仍具有优先性，只有在极端不正义的案件中它才必须退让。

（五）相对主义。某些道德相对主义者主张，不仅极端不正义的界限难以认知，甚至正义本身都是无法被理性证成或客观认知的。阿列克西认为，非实证主义的法概念的确要预设某种非相对主义或可认知论的后设伦理学立场，至少，像是“基于种族理由侵害少数族群之身体及财产是极端不正义的”这样的道德判断是能被理性证成的。此外，大部分社群的法律实践对于尊重人权具有高度共识，也可能削弱相对主义论据的力量。

（六）民主。对 RF 的一种批评是，它可能使得法官诉诸正义之名作出违背具备民主正当性之立法者的决定。阿列克西的反驳是，RF 针对的只是极端不正义的实证法，实际上，在有司法违宪审查制度的国家中，宪法法院对于民主立法者的审查远甚于此，若要以民主论据批评 RF，恐怕连对司法违宪审查都要一并拒斥之。

（七）不必要性。哈特曾经指出，RF 所要处理的问题（例如在不义政权垮台后处罚其官员或帮凶、恢复被害人的权利），其实可以借由立法者制定溯及既往的法律来解决，而不必诉诸 RF。阿列克西认为这种解决之道未必行得通。暂且不论在刑事案件中可能涉及违背罪刑法定原则的问题，倘若立法者怠惰或因其他种种原因而没有制定处理过往不正义的法律措施，基于人权保障与实现正确性宣称的法律义务（适用极端不正义的实证法规范所作出的判决不可能实现正确性宣称），法官仍必须运用 RF 来解决问题。

（八）坦诚性。哈特认为，在追诉、处罚不义政权的官员或帮凶的刑事案件中，实际上等于是溯及既往地处罚行为人，有违罪刑法定原则，运用 RF 反而掩盖了这个问题。但阿列克西认为，如果实证法的极端不正义是显而易见的，那么它自始就失去了法律性质，RF 的运用是在确定行为当时的法律状态，而不是要去溯及既往地改变法律状态。

阿列克西的不正义论证涉及诸多复杂争议问题，在此无法一一详论。在我看来，关键的争议不在于法官是否得运用 RF 来拒绝适用极端不正义的实证法或否定其法律性质，而在于法官运用 RF 所作出的判决是否仍然是"依法审判"。非常抽象地说，这是一个关于"法治"（rule of law）或"合法性价值"（the value of legality）的争议。阿列克西似乎认为，如果法官有良好的法律理由来拒绝适用极端不正义的实证法，那么他的判决就是依据法律所为之决定。所谓“良好的法律理由”可以理解为那些用以证成判决正确性的理由，根据阿列克西的看法，它们包括了权威性的、基于实证法的理由，也包括了非权威性的、基于实质正义的道德理由[①]。RF所诉诸的“法律理由”指的当然是后者。但我们可以进一步追问，为什么诉诸这些非权威性的道德理由所作出的判决仍然可称作是“依‘法’审判”呢？如果阿列克西的回答是“由于法官为了实现正确性宣称就必须援引这些道德理由，所以这些道德理由也是法律的一部分”，显然又将落入前述必然安置命题的困境。

重省法律的概念

阿列克西在本书中试图辩护“法律的概念必然包含了道德的要素”。然而，正如德沃金所指出的，“法律”这个词所表达的概念并非单一的，在不同的脉络下，我们所使用的法概念可能有所不同。德沃金认为，在陈述法律命题时(例如“东德的法律允许边界士兵开枪射杀逃亡者”“按照台湾地区法律，因善意信赖所导致之重婚并非无效”)，我们所使用的是教义学的法概念(the doctrinal concept of law)；当我们区分某些规范是法律规范，某些不是(例如“道德原则是法律的一部分”“算术规则不是法律规范”)，所使用的是分类式的法概念(the taxonomic concept of law)。“法律”常被用来指称某种特定的社会制度(例如“法律在本质上是一种强制性

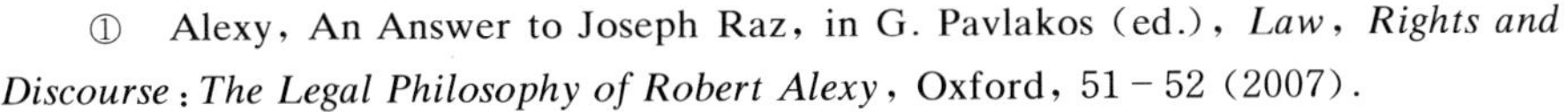

① Alexy, An Answer to Joseph Raz, in G. Pavlakos (ed.), *Law, Rights and Discourse: The Legal Philosophy of Robert Alexy*, Oxford, 51 – 52 (2007).

的社会制度”），此时它所表达的是社会学的法概念（the sociological concept of law）；但法律的概念有时则指涉了某种政治道德价值（例如“处罚围墙射杀案的士兵并不违背法治理念”），这时它表达的是一种价值或理想导向的法概念（the aspirational concept of law）[①]。

阿列克西自己可能并未清楚意识到，他的论证及所要辩护的主张针对的是哪一种法概念，但我们可以试着帮他厘清。原则论证和必然安置命题是分类式法概念的问题：道德原则是否必然属于法律体系的一部分？不正义论证和拉德布鲁赫公式则是关于法治价值的争议：除了法安定性之外，法治价值是否还包含实质正义原则，这两者之间如何取舍？至于正确性论证和联结命题，我认为最好将其理解为关于教义学法概念的主张。法实证主义之争的关键争点既不是法概念要如何定义，也不是法律是否必然安置道德原则，而是下面这个问题：证成法律命题的正确性（或决定法律命题是否为真）是否必然要援引道德理由、涉及道德价值判断？用德沃金的话来说，就是“道德考量是否必然属于法律命题的真值条件（使得法律命题为正确的根据）”的问题。对此阿列克西的答案当然是肯定的。然而，将阿列克西的理论诠释为反法实证主义的教义学法概念论之后，他的论证是否仍然成功，请有兴趣的读者进一步阅读本书，自行判断[②]。毕竟，经典导读不能取代经典阅读。

① Dworkin, *Justice in Robes*, Cambridge Mass., 1－5, 223－240 (2006).

② 我自己的看法则请见王鹏翔：“法概念与分离命题——论 Alexy 与 Raz 关于法实证主义之争”，《中研院法学期刊》，5 期，2009 年，229—289 页。

译后记

本书译自 Robert Alexy, Begriff und Geltung des Rechts, Freiburg/München: Verlag Karl Alber, 1992，同时参考了 Bonnie Litschewski Paulson 与 Stanley L. Paulson 的英译本：*The Argument from Injustice: A Reply to Legal Positivism*, Oxford: Clarendon Press, 2002。

本书中译得以完成，首先要感谢阿列克西教授多年的包容与信赖。繁体中译本于 2013 年由台湾五南图书出版股份有限公司出版，感谢五南杨荣川董事长对于学术经典译注的支持，以及五南法学主编林振煌先生、刘静芬女士与责任编辑游雅淳女士、蔡惠芝女士的热忱协助。此外，江维萱女士协助校对及润饰译文初稿，备极辛劳，在此特别致谢。

本书简体中译本由五南图书出版股份有限公司授权商务印书馆刊行。承蒙吴彦先生收入其主编的译丛，以及商务印书馆政法室编辑吴婧女士热忱友善的专业协助，在此谨致谢忱。

译者谨志于台北，2014 年 6 月

图书在版编目(CIP)数据

法概念与法效力/(德)罗伯特·阿列克西著;王鹏翔译.—北京:商务印书馆,2024
(汉译世界学术名著丛书:120年纪念版:珍藏本:增订本)
ISBN 978-7-100-23732-1

Ⅰ.①法… Ⅱ.①罗…②王… Ⅲ.①法哲学—文集
Ⅳ.①D90-53

中国国家版本馆CIP数据核字(2024)第077536号

汉译世界学术名著丛书
(120年纪念版·珍藏本·增订本)
法概念与法效力
〔德〕罗伯特·阿列克西 著
王鹏翔 译

商 务 印 书 馆 出 版
(北京王府井大街36号 邮政编码100710)
商 务 印 书 馆 发 行
北京市十月印刷有限公司印刷
ISBN 978-7-100-23732-1

2024年5月第1版 开本710×1000 1/16
2024年5月北京第1次印刷 印张9½
定价:52.00元